不列颠古典法学丛编

欧诺弥亚译丛

现代政治思想奠基中的《新大西岛》

Francis Bacon's *New Atlantis* in the Foundation of Modern Political Thought

[美]金伯利·H.哈勒(Kimberly Hurd Hale) 著
李丽辉 译

华东师范大学出版社

华东师范大学出版社六点分社　策划

欧诺弥亚译丛编委会成员（以姓氏笔画为序）

马华灵　王　涛　杨天江

吴　彦　徐震宇　黄　涛

欧诺弥亚译丛·总序

近十余年来,汉语学界政治法律哲学蔚然成风,学人开始崇尚对政治法律生活的理性思辨,以探究其内在机理与现实可能。迄今为止,著译繁多,意见与思想纷呈,学术积累逐渐呈现初步气象。然而,无论在政治学抑或法学研究界,崇尚实用实证,喜好技术建设之风气亦悄然流传,并有大占上风之势。

本译丛之发起,旨在为突破此等侧重技术与实用学问取向的重围贡献绵薄力量。本译丛发起者皆为立志探究政法之理的青年学人,我们认为当下的政法建设,关键处仍在于塑造根本原则之共识。若无此共识,则实用技术之构想便似空中楼阁。此处所谓根本原则,乃现代政法之道理。

现代政法之道理源于对现代人与社会之深入认识,而不单限于制度之塑造、技术之完美。现代政法世界之塑造,仍需重视现代人性之涵养、政道原则之普及。若要探究现代政法之道,勾画现代人性之轮廓,需依傍塑造现代政法思想之巨擘,阅读现代政法之经典。只有认真体察领悟这些经典,才能知晓现代政法原则之源流,了悟现代政法建设之内在机理。

欧诺弥亚(Εὐνομία)一词,系古希腊政治家梭伦用于描述理想政制的代名词,其着眼于整体福祉,而非个体利益。本译丛取其古意中关切整体命运之意，彰显发起者们探究良好秩序、美好生活之要旨。我们认为，对现代政治法律道理的探究，仍然不可放弃关照整体秩序，在整体秩序之下看待个体的命运，将个体命运同整体之存续勾连起来，是现代政法道理之要害。本译丛对现代政治法律之道保持乐观心态，但同样尊重对古典政法之道的探究。我们愿意怀抱对古典政法之道的崇敬，来沉思现代政法之理，展示与探究现代政法之理的过去与未来。

本译丛计划系统迻译、引介西方理性时代以降求索政法道理的经典作家、作品。考虑到目前已有不少经典作家之著述迻译为中文，我们在选题方面以解读类著作为主，辅以部分尚未译为中文的经典文本。如此设计的用意在于，我们希望借此倡导一种系统、细致解读经典政法思想之风气，反对仅停留在只言片语引用的层面，以期在当下政治法律论辩中，为健康之政法思想奠定良好基础。

译丛不受过于专门的政法学问所缚，无论历史、文学与哲学，抑或经济、地理及至其他，只要能为思考现代政法之道理提供启示的、能为思考现代人与现代社会命运有所启发的，皆可纳入选目。

本译丛诚挚邀请一切有志青年同我们一道沉思与实践。

欧诺弥亚译丛编委会
二零一八年元月

目　录

缩写表 / 1
致谢 / 2

第一章　绪论 / 1
第二章　柏拉图的亚特兰蒂斯 / 17
第三章　培根的计划：语境中的《新大西岛》/ 43
第四章　头脑和身体：批评本色列岛社会 / 79
第五章　科学家的统治 / 126
第六章　科学、技术以及现代政治哲学的形成 / 155
第七章　结语：启蒙的局限 / 181

参考文献 / 189
索引 / 197

缩写表

在涉及弗朗西斯·培根的著作中,下列缩略语通用于全文:

AL=《学术的进展》

Essays=《培根论说文集(第三版)》

GI=《伟大的复兴》

History=《亨利七世统治时期的历史》

NA=《新大西岛》

NO=《新工具》

WA=《古人的智慧》

致　谢

本书的写作得益于诸多人的帮助。我要感谢路易斯安那州立大学的小詹姆士·R.斯托纳博士和研究生委员会其他成员，他们让我通过了论文的写作，并将其打造成可以发表的作品。没有华盛顿与李大学（我过去和现在的家）埃尔哈特基金会和政治系的支持，这个课题将难以实现。

必须首先感谢爱德华多·维拉斯克斯博士将我引入政治哲学之中，感谢威廉姆·罗宾逊博士给予的第一份工作让我能够讲授它。最后，感谢我的朋友、家庭和先生马特，你们总是倾听我的漫谈，直到它变得有意义。

第一章 绪 论

[1]沿着这条满是错误的道路，
彷徨的先辈们曾在此经过，
古老的希伯来人多年前也迷失
在这小块荒漠里
培根，如同摩西一般，引领我们前行。
他曾走过的那贫瘠荒野
在这边缘
就是那应许之地，
自那智慧之巅
他看到了它，并展示给我们。
——亚伯拉罕·考利（Abraham Cowley）(1667)①

长期以来，弗朗西斯·培根（Francis Bacon，1561—1626）被认为是现代政治思想形成过程中微不足道的人物，如今人们视他为最重要的思想家之一。培根不仅捍卫了科学探索的新类型和方

---

① 考利，"皇家协会颂"。

法,还发展了如何重新安排现代社会的计划,以期适应和推动科学进步。与大部分政治哲学家不同,培根积极投身仕途。在詹姆士一世统治时期,培根在1618—1621年间担任大法官,直到由于收受贿赂的指控而被罢免。实际上,约瑟夫·克罗波西(Joseph Cropsey)认为培根是"研究哲学的一流人物中唯一曾经如此靠近王权的人,以至于在统治者离开王国的时候他充当了事实上的摄政者"。① 在培根担任大法官的任期内,世界也许是最近距离地见证了一位哲学王。这一切以遭遇贬黜而告终,他受到了法庭的放逐。免掉职位之后,他继续写作,虽然《新大西岛》直至其过世后才得以出版,但是《亨利七世统治时期的历史》(History of the Reign of Henry VII)、增订再版的《培根论说文集》(Essays)和《新大西岛》(New Atlantis)都写就于这段时期。培根以一己之身[2]引领英伦政治进展的尝试以失败告终,但其政治、哲学影响却回响了数个世纪。

脱离其政治著作,培根的科学著作便得不到充分理解。他的诸多作品把这两个主题结合得如此巧妙,以至于甚至难以将其放置到明确的类别中。最近几十年,研究政治哲学的几个优秀学者将注意力转向培根的思想。他们的努力展现出培根对一个崭新、科学欧洲的计划之范围和成就,同时也指出了疑虑——培根自己隐藏了这样的前景。我的课题会通过详尽分析《新大西岛》以在他们的成果上有所扩展,因为这部著作标志着培根转向以诗意形式来呈现新科学的最终形象,及其科学抱负可能带来的政治后果。我考察了《新大西岛》在其更大计划中的位置以及在现代政治哲学形成中的地位,简要展示出培根思想与柏拉图、马基雅维利和霍布斯之间联系的方式。虽然现代科学和自由主义之间的联系尚未即

---

① 克罗波西,第14页。

刻清晰，但我的课题会证明有一条明显的线索将此二者关联起来。培根在《新大西岛》中对科学规则的展示并不意味着那是一张现代社会的蓝图；相反，不如说向人们展示了科学社会缺乏自由的危险。

《新大西岛》充当了培根《伟大的复兴》(Great Instauration)之中的巅峰，他的计划在于建立一种现代科学，令其足以担当起作为新型政治社会基石的重任。不像他的其余作品，《新大西岛》是虚构的。它讲述了一群欧洲水手搁浅在事先并不知晓的、叫作本色列的小岛上。岛上似乎满是不可思议的技术和财富。小岛由称为所罗门之宫的科学机构统治。《新大西岛》开卷伊始，犹如一个乌托邦的故事，它参考了柏拉图的亚特兰蒂斯神话，将本色列岛作为古老亚特兰蒂斯社会的改良版本。然而经过细致分析之后，培根对科学治理的描绘却愈加令人不安，愈加偏离了他在别处倡导的社会类型。他实际所倡导社会的外在形式与传统英国社会并无二致，但却是由科学原则来进行内在统领，致力于增进人类对自然世界和人性的理解。《新大西岛》呈现出他的视野——目前的方向可能会导向哪里，它所表达的既有伟大的希望，也有深深的保留。它不仅仅是那种令其哲学为大众所接受的方式，诗意的方式也允许培根展示那些不能言说的内容。《新大西岛》首先是一部意味深长的作品，也应该被如此认为。

培根的秘书罗利(Rawley)在《新大西岛》的献词中说，培根放弃了《新大西岛》对共和国最佳法律或政体的探讨，转而致力于他的自然史。[①]《新大西岛》是一部未竟之作；罗利的表达暗示着未竟之因在于培根对此计划不甚在意。罗利的观点相当令人怀疑；[3]温伯格(Weinberger)认为培根《伟大的复兴》"其余部

---

① 《新大西岛》，第255页。

分皆助益于"①第六部分,这个部分实际即是《新大西岛》。②《伟大的复兴》第六部分是为了呈现出培根哲学和科学的最终进展。成问题的"不是仅仅对幸福的思考,而是人类真正的事业和财富以及所有掌控之力"。③ 无论它意味着灯塔还是警告,《新大西岛》对培根而言极为重要,作品未竟的原因兴许是"人们不容易了解"或"不便发表"著作的余下部分。④

为何培根将本色列岛视为一个亚特兰蒂斯?我的课题由此而始。柏拉图首先把亚特兰蒂斯引入政治哲学之中;远胜于一个具体故事,亚特兰蒂斯代表着一种理想。它是否代表了对柏拉图古代神话的修订以及柏拉图自身进行的扩展?这曾经引起了该问题前沿研究的讨论。它是"柏拉图式地反柏拉图"吗?⑤ 还是如我认为的,显示了在不毁坏社会的条件下,科学塑造社会这一能力的局限性?是本色列岛彻底变革了欧洲,还是欧洲碾碎了本色列岛独立而又可控的社会?古代柏拉图式神话需要如此微妙的陈述,现代社会又能够从这一神话中获取什么?

通过分析困扰《新大西岛》的问题,我能够解释是什么造就了亚特兰蒂斯式社会的出现,也即那种繁荣昌盛、雄心勃勃、注定毁灭的社会。培根认为基督教及其博爱不可逆转地改变了世界。科学提供了一条路径,将基督教欧洲慈善的强制(charitable compulsions)引导到了破坏性较少的道路上。然而如同历史所展现出来的,慈善科学之路充满了危险。培根的科学目标是避免欧洲成为另一个亚特兰蒂斯,同时却收获着现代社会的种种益处。我的课

---

① 《伟大的复兴》,第 31 页。
② 温伯格(1989),第 14 页。
③ 《伟大的复兴》,第 31 页。
④ 《学术的进展》,第 207—208 页。
⑤ 朗佩特,第 43 页。

题显示出，培根对本色列岛的刻画也许会提供必要的信息,引导生活在现代科学塑造出来的世界之中的我们穿越危险的海洋。

我依托了对培根著作的重要研究：最突出的是怀特（Howard White）的《柳树间的和平》（*Peace Among the Willows*），罗西（Paolo Rossi）的《培根：从魔法到科学》（*Francis Bacon: From Magic to Science*），温伯格的《科学、信仰和政治：培根与现代乌托邦的根源》（*Science, Faith and Politics: Francis Bacon and the Utopian Roots of the Modern Age*）(以及1989年《新大西岛和伟大的复兴》克罗夫茨经典版的序言），布里格斯（John C. Briggs）的《培根与自然修辞》（*Francis Bacon and the Rhetoric of Nature*），拉厄（Paul A. Rahe）的《古今共和国：第二卷》（*Republics Ancient & Modern: Volume II*），肯宁顿（Richard Kennington）的《论现代的起源》（*On Modern Origins*），华莱士（Karl Wallace）的《培根论人之本性》（*Francis Bacon on the Nature of Man*），明科夫（Sveotzar Minkov）的《培根触及人性的探索》（*Francis Bacon's Inquiry Touching Human Nature*），朗佩特（Laurence Lampert）的《尼采与现代》（*Nietzsche and Modern Times*），普赖斯（Bronwen Price）的《培根的新大西岛：新的跨学科论文》（*Francis Bacon's New Atlantis: New Interdisciplinary Essays*），戴维斯（J. C. Davis）的《乌托邦与理想社会》（*Utopia and the Ideal Society*），福克纳（Robert K. Faulkner）的《培根与进步计划》（*Francis Bacon and the Project of Progress*）。所有这些作品对培根的动机、方法和目标提供了富有价值、不失微妙的洞察。它们都是针对[4]培根的政治学说以及该学说如何与其关于科学和修辞的观点联系起来而写就。我会简要概括每部作品,以便展现我在以往成就的何处立足,以及对这些作品的异议源自何处。

《新大西岛》自始至终存在于这些作品中,却经常以一种补充方式被运用或朦胧地徘徊在辩论的背景之中。经过细致研读这部著作,我找到了以《新大西岛》作为其计划主要部分的空间。必要时我会倚靠培根的其他作品,但是我相信对《新大西岛》的细致分析会揭示出培根对现代性之未来的保留,这种揭示的方法比他那些大多具有解释性的作品更为明确。我也表明,那些看起来试图重述和纠正柏拉图亚特兰蒂斯神话的内容实际与之截然相反。不少评论家认为《新大西岛》证实了现代科学和现代政治将如何掌控神灵、自然,以避免亚特兰蒂斯式的毁灭。我却认为亚特兰蒂斯的选择恰恰象征着这一充满希望的未来之可能,但也意味着现代科学可以轻易把现代社会沉入海洋,只留下一个警醒的故事。培根把新大西岛安置于太平洋中间——开诚布公地表明了故事的陌生感。

怀特认为,"像柏拉图一样,培根用温和语言包装了无关体面的思想。"① 他断定柏拉图和培根都承认适度之必要,这就必须承认政治的现实性。它也必须承认极端情况,在此情形之下,适度毫无用处。柏拉图的亚特兰蒂斯并未沦为神灵愤怒的牺牲品,雅典并未沦陷在时间的沧桑中。二者的陷落皆因其未曾拥有培根之科学,这超越了上帝、自然和人类。他断言培根相信沉思生活是最好的生活,而且培根得出结论的方式是柏拉图式的。然而问题依然存在:沉思对于柏拉图和培根而言是否意味着同样的事情。柏拉图的沉思基于惊奇,而培根的则是对宇宙的渴望。

怀特进而认为培根的哲学与美德有关,但却并未对智慧之人统治博学之人提供任何保证,这就难以用培根早期的自由主义,尤其是在商业自由领域,来调和《新大西岛》中受到高度控制的社会。人支配人的力量随着人类支配自然力量的增长而增长,培根并非

---

① 怀特,第34页。

不知晓这种情形。培根担心战争会妨碍科学,但科学多在战争时期繁荣昌盛。政治科学不得不决定是由政治家还是科学家来掌控科学扩展的方向。怀特认为《新大西岛》提出了经由科学达至政治稳定的可能性。我认为怀特低估了本色列岛社会中蓄意的缺陷。所罗门之宫的科学家们与更大的共同体拉开了距离。他们并未[5]融入到公众的圈子中。而且,据说所罗蒙那(Solamona)在塑造本色列岛的政治生活中曾力求稳定。培根应该意识到这一目标的徒劳。一个致力于技术上无限进步、政策上完全停滞的社会将会发现自己无法控制其创造物。此外,我不同意怀特的如下论点,即认为"《新大西岛》是……培根唯一一部……主要反对柏拉图的著作。"[①]我认为《新大西岛》实则如温伯格所主张的那样,承认了柏拉图和培根之间的深厚联系。

华莱士的作品分析了培根对人性中六个心理因素的理解。正确的顺序是:理解、推理、想象、记忆、欲望和意志。它们标志着从感性到理性或从知识到行动的进步。华莱士展示出培根的科学(以及稍后霍布斯的政治科学)如何基于对感官知觉的检测。从另一方面来说,罗西认为培根的科学方法和逻辑源于欧洲文艺复兴时期的修辞文化。培根的方法是一条引领人们穿越自然的线索。罗西也花了不少时间分析培根的修辞技巧和理论。他认为,对于培根而言,通过把人们从错误思想中解放出来、创作道德观念的"可视"形象,修辞有助于再次引入理性。最终,培根意图以自然知识取代修辞信仰。

自然这一概念是肯宁顿《论现代的起源》的焦点,该书将培根和笛卡尔描述为现代哲学转向的共同创始人。肯宁顿聚焦于培根的科学作品,他简单考虑了《新大西岛》,但并未质疑培根把本色列

---

① 怀特,第112页。

岛呈现为一个乌托邦的诚意。戴维斯确实怀疑培根的乌托邦意图。其作品分析了现代早期的乌托邦写作,关注乌托邦的不同类型。虽然仅略微提及《新大西岛》,但他有关培根与乌托邦形式之间存在不确定联系的见解却颇有价值。拉厄同样把培根作品安放在现代思想形成的背景之中。他透彻剖析了由培根、马基雅维利、笛卡尔、霍布斯和洛克构想的现代课题。他关于商业对于现代缔造者之重要性的观点,对我理解培根对英国社会的计划至关重要。

尽管通常培根被宣布为现代、世俗、理性科学的创建者之一,他却通过作品保持了对现代宗教(尤其是基督教)问题和属性的关注。布鲁门伯格(Hans Blumenberg)的《现代的正当性》(*The Legitimacy of the Modern Age*)与卡顿(Hiram Caton)的《进步的政治学》(*Politics of Progress*)都宣称培根是现代哲学及其所塑造的自由社会之先驱。明科夫的观点则认为培根对美德的关注与其他任何一位哲学家都相同。明科夫同时认为培根的最终目标在于保护哲学[6]免受基督教压迫,并且为了个体哲学家(private philosopher)之故而服务公众。

从另一方面来说,麦克奈特(Stephen McKnight)在《培根思想的宗教基础》(*Religious Foundations of Francis Bacon's Thought*)一书中认为,培根的宗教观念与其说是调和其新科学与周围社会的修辞企图,不如说是试图重现被教会教条隐藏起来的宗教认知。借用沃格林(Eric Voegelin)的想法,即便不能完全令人信服,但麦克奈特提出了有趣的观点。毫无疑问,培根对基督教的现有结构改革感兴趣,但我认为,他希望这样做的原因,在于努力减轻社会过渡到新科学世界的忧虑。

温伯格的《科学、信仰和政治》对培根《学术的进展》(*Advancement of Learning*)进行了详尽的疏解。就培根更大的科学-政治计划而言,我既受惠于其方法,又得益于其见识。他认为,《新大西岛》从古代乌托邦政治哲学的角度折射出了现代计划。①《新大西岛》展示了培根如何理解自己计划中的问题,以及如何引入理性以对我们的困境产生影响。新科学将富有创造性的艺术释放出来,去做政治家和伦理德性的工作;也将古代智慧从基督教教条的禁锢中解放出来。培根明白必要和良好之间的差别。温伯格认为,培根把自己伪装成一个空想主义者,实则是一名坚定的现实主义者;他在试图领会人们真正做些什么以及如何驾驭它们方面超越了马基雅维利。培根知晓必要性妨碍了任何形式的完美正义,无论这种正义是理想主义的还是现世主义的。暴君没有存在的理由,但又必须以某种方式被容忍。必然性不时推动着任何正义可能的边界,新科学将确保正义成为可能。温伯格认为马基雅维利的现实主义非常不切实际,因为这位意大利医生并不了解古代乌托邦或有着不可能开始的喜剧。温伯格广泛探讨了修辞在培根新科学中的作用,并断言道,尽管现代修辞学较古代修辞学致力于不同目标,但柏拉图和亚里士多德对其本质的理解并无差池。现代世界中过度的唯物主义和对抽象权利的过分关注都充满了乌托邦式的幼稚,因此是危险的。②

　　福克纳不同意温伯格的观点,即主张培根仅是使用了不道德的手段达了道德的目标。反之,他认为培根的政治学敏锐地关注权力。但福克纳也认为,自由,尤其是经济自由对培根而言非常重要。福克纳认为培根对知识的追求是为了帮助艺术战胜自然,而非为了知识本身。对培根而言,政治问题在于哪种类型的政体会促进科学目标的实现。他认为(对本色列岛和英国来说)转向海军权力培养了共和主义。《新大西岛》[7]并不存在一个强大、开明

---

① 温伯格(1985),第 28 页。
② 温伯格(1985),第 331 页。

的君主，福克纳和怀特都主张本色列岛受官僚机构统治，该机构由傀儡君主领导。市民社会似乎是自治的。据说是由"国家"而非君主统治。培根希望的经济与进步形态需要一定程度的自由，但共和政体也会威胁该领域的稳定、妨碍柳树间的和平吗？

培根的政治学说基本上是一种共和主义学说，这一观点极其有趣。培根写作之时，正是启蒙运动酝酿之时，也是宗教及政治动荡的记忆笼罩英国之时。对进步的信念和政治不稳定的惧怕都出现在培根著作中。见诸于《新大西岛》唯一公开自治的团体是所罗门之宫。在那里，致力于学问的科学家们有能力平等地生活和管理。从另一方面来说，从未见到一般公众积极参与到管理之中。而且，国家并未把自己托付给所罗门之宫已知的一切进步成果。我的课题着重探讨在本色列岛里的事物状态，以及这种状态如何可能阐明培根对欧洲未来的计划。但是，与把《新大西岛》视作有所为的范例相反，我将其视为有所不为的范例。

培根与古典哲学的关系也是培根研究中常见的主题，然而，大部分评论家的焦点集中在修辞理论方式上培根与亚里士多德之差异。培根与柏拉图的关系大多限定在宗教或者形而上学的讨论中，而非科学抑或政治领域之中。三个显著的例外是斯提德尔（Studer）、布里格斯和朗佩特。斯提德尔的文章《培根：哲学家还是理论家？》("Francis Bacon：Philosopher or Ideologue?")和《"耶和华祭坛上的奇异之火"：培根论人性》("'Strange Fire at the Altar of the Lord'：Francis Bacon on Human Nature")详尽分析了培根在《古人的智慧》(*Wisdom of the Ancients*)中对两个古代神话的处理；她认为培根对现代性中内在危险的理解能够见之于他对古代智慧的剖析中。

布里格斯认为培根既钦佩又损害了柏拉图和亚里士多德。柏拉图异教的亚特兰蒂斯毁灭了，但培根的新大西岛（接受了所罗门的智慧)却繁荣起来。布里格斯在这点上与罗西的主张一致,如果不是对话本身的话,即培根一直细致地处理着文艺复兴时期欧洲的蒂迈欧传统。他认为培根视埃及知识(自然哲学)与新科学格格不入,这是为了抚慰反对埃及知识的詹姆士国王。布里格斯详尽分析了柏拉图在《斐德若》(Phaedrus)中教导的信念,广泛探讨了培根与亚里士多德《修辞学》(Rhetoric)的关系。他证明培根更喜欢被看作赞美和完善古人的人,而不是一个激进的改革者。布里格斯充分利用了《斐德若》,但其研究更多关注于对话中的物理学和形而上学,而不是亚特兰蒂斯的政治。朗佩特的研究提供了在尼采之语境下[8]对培根的疏解,根据他们与柏拉图的关系来安置彼此。他对《新大西岛》和培根的《宣告一场圣战》(Advertisement Touching a Holy War)进行了充分阅读,二者均以一种重新商榷现代性与柏拉图关系的方式而写就。朗佩特这种富有洞察力的研究方法让人看出,培根是柏拉图的学生,尽管他必须适应时代而生存。

亚特兰蒂斯神话是源自政治哲学之中最为悠久的故事之一。其开端可追溯到柏拉图的《蒂迈欧》(Timaeus)和《克里提阿》(Critias),但对于那些希望了解技术在现代世界中位置的人们而言,它仍然重要。我的课题考察了培根的《新大西岛》,既是作为一项独立研究,又是对培根更大计划的管窥。如果人们想充分察觉他的意图,那么就既需要将《新大西岛》安放在其政治/科学作品的语境中,又需要根据柏拉图的亚特兰蒂斯故事来审视。有意思的是,不少读者视亚特兰蒂斯的故事为真实存在,而且这一故事已然获得了无关乎其哲学起源的文化存在。亚特兰蒂斯已经植根于西方世界的集体想象之中,这个消失的社会拥有难以想象的财富,等待着冒险家去发现宝藏。它是一种精神象征,这种精神推动探险家们和征服者们离开旧世界,去新世界找寻成功。然而奇怪的是,亚特兰蒂斯并非新地方，倒不如说是老地方新发现。亚特兰蒂斯是个隐藏着或消失了的社会。发现古老之地而非建构崭新事物的念头是亚特兰蒂斯神话有趣的一面，培根援引这一神话来追求新科学。他如此决定，必然与培根哲学和柏拉图哲学之间的联系有关。亚特兰蒂斯绝非通俗神话；它是个具有重要哲学意义的故事。所以，审视柏拉图的亚特兰蒂斯是我试图去理解培根思想过程中不可或缺的部分。

阅读柏拉图对话，对政治哲学专业的学生们而言，是极具挑战性的任务。柏拉图自己关心的是书面演讲或论述的能力以传播哲学智慧。① 在《斐德若》中，柏拉图笔下的苏格拉底表达了这种关心，认为领会一场辩论和记住一场辩论截然不同。领会辩论的人知道何时、怎样将其知识运用于现实情况，也知道如何将知识传递给其他人。领会经由辩证法而达至。如同苏格拉底质疑对话者那般，他先揭露其无知，然后满怀希望地教他们经由后果来反思其观点。同样的，苏格拉底对哲学写作持怀疑态度。从另一方面来说，柏拉图显然相信，为子孙后代保存哲学具有至高无上的必要性。通过用对话形式保存学说，他缓解了对写作的不安。他的对话迫使读者主动参与到探寻智慧的过程之中。对话很少得出令人满意的结论，人们也不能[9]就此断定苏格拉底是始终正确抑或始终诚实。作为读者，我们必须仔细检查每个论据，才能发现柏拉图隐藏了什么。必须考虑对话的每个方面，包括场景、参加者以及对话自身的变化。有时，尚未言说之物与已然呈现的论证一样重要。

列奥·施特劳斯发表了强有力的观点，以检验柏拉图式对话的每个元素。在系列讲座"苏格拉底的问题"中，施特劳斯认为，"领会柏拉图式对话的开端是好奇。好奇意味着不仅是欣赏柏拉图式对

---

① 朱克特，第330页。

话之美,而且最为重要的是对话之困惑,即对斯芬克斯般神秘特点的承认。一开始,除了人们必须设法描述的外观,我们没有其他线索。"[1] 柏拉图写了诸多不同主题的对话。他的哲学思想并不容易辨别。对话经常相互(和自我)矛盾,读者从不能够确定苏格拉底的真诚。苏格拉底并不仅仅充当了柏拉图观点的代言人,他是个脱离柏拉图和历史中苏格拉底的角色。在柏拉图的对话中,苏格拉底确实大多站在哲学家一边,但人们必须始终记住苏格拉底不可抗拒地偏爱反讽。施特劳斯断言柏拉图的神话并不意味着要传达显示出来的知识,而是要和不同的对话者按照他们自己的主张交流。柏拉图选择的对话形式,既能够表达也能够掩盖其对哲学、修辞和城邦的看法。施特劳斯在《城邦与人》(*The City and Man*)中声称:"倘若反讽在本质上和这一事实有关——即在人类中有着自然的秩序或者等级——那么由此可见,反讽在于对不同的人说不同的话。"[2] 苏格拉底因其对反讽的运用而闻名,也因放弃撰写哲学的书面著作而闻名。施特劳斯并不相信这两个特征与柏拉图无关。

柏拉图曾经尝试在对话中纠正写作的不足。施特劳斯认为:"写作在本质上是有缺陷的,因为它们对所有能够阅读的人一视同仁……或者因为它们对每个人言说同样的事。我们可以推论出柏拉图式对话对不同的人说不同的话——每部著作都这样,并非是偶然,而是设计如此之故,所以要对不同的人说不同的事,或者那完全就是反讽。"[3] 通过这种神秘的写作方式,柏拉图得以对肤浅的读者隐瞒危险想法。[4] 施特劳斯主张道,缺少了这种神秘主义,柏拉图的政治哲学会与城邦之间出现矛盾,换言之,柏拉图本会遭

---

[1] 施特劳斯(1989),第152页。
[2] 施特劳斯(1964),第51页。
[3] 施特劳斯(1964),第51页。
[4] 这种危险既对社会也对读者而言。

遇苏格拉底的命运,其学说会永远消失。对于公众思维哲学化,柏拉图抱持着可以理解的谨慎态度。结合这种态度,把握对话的真实观点就变得非常困难了。在能够领会这些哲学论辩之前,人们必须考虑对话的地点、时间、活动和人物。施特劳斯对柏拉图写作方法的见解彻底改变了现代学生阅读柏拉图式对话的方式。我采纳了其阅读方法,[10]运用到柏拉图的对话和培根的《新大西岛》之中。施特劳斯关于柏拉图、马基雅维利和霍布斯的著作都是宝贵的资源,如同在现代政治哲学中拥有他关于自然权利、自由主义的著作一样。

在《海德格尔、施特劳斯和哲学的前提:论原始遗忘》(*Heidegger, Strauss, and the Premises of Philosophy: On Original Forgetting*)一书中,维克利(Richard Velkley)探讨了施特劳斯试图超越现代哲学和具有严重缺陷的后现代主义。受海德格尔对哲学传统的激进怀疑所鼓舞,施特劳斯试图真正回归古典哲学并在古人的功绩上接近他们。① 维克利借鉴了施特劳斯的观点,坚持后现代主义并未超越现代哲学,因为它甚至试图超越苏格拉底,这是注定失败的努力。② 维克利的注意力分散在海德格尔与施特劳斯之间,我主要采纳关注于施特劳斯思想上的章节。他细致审视了施特劳斯的系列讲座《苏格拉底的问题》,尤其重视施特劳斯关于哲学与诗歌关系的思想。

在《柏拉图的哲人》(*Plato's Philosophers*)中,朱克特(Catherine Zuckert)以施特劳斯的方法为基础,提出柏拉图式对话应该根据其戏剧时间而非写作时间排序。她主张,"在一个持续的故事中,视阅读对话为离散事件会让我们保持独立艺术作品的完整性。

---

① 维克利,第6页。
② 维克利,第28页、46页。

根据戏剧时间的顺序把它们串连起来,我们不仅能够得到那根'贯穿始终的红线',有益于看清柏拉图文集作为一个整体的形态;也能够得到柏拉图自己关于对话相互间关系的提示"。① 用这种方式阅读对话,人们能够逐渐领会,在许多对话中看似矛盾的存在,实则是苏格拉底生平故事的持续成分和柏拉图哲学的发展。她提供了对《蒂迈欧-克里提阿》(*Timaeus-Critias*)的详尽分析;虽然我的课题最终并未遵循朱克特对《蒂迈欧-克里提阿》的戏剧安排,但的确受益于其文本分析,我的观点得以确立。

对柏拉图描述的亚特兰蒂斯,其他几部著作提供了见解。卡克瓦吉(Peter Kalkavage)在其翻译《蒂迈欧》中的引论堪称一流。他诠释了《蒂迈欧》的原文,使柏拉图最为深奥的对话之一变得清晰易解。同样,韦利弗(Welliver)的《柏拉图〈蒂迈欧-克里提阿〉中的人物、情节和思想》(*Character, Plot, and Thought and in Plato's Timaeus-Critias*)和朗佩特、普莱尼克斯(Planeaux)的文章《柏拉图〈蒂迈欧-克里提阿〉中的人物关系及其缘由》("Who's Who in Plato's Timaeus-Critias and Why")探讨了对话的背景和安排,为认真的读者提供了一个有价值的起点。特别关注于在《克里提阿》发现的对亚特兰蒂斯的描述,布里松(Brisson)认为,当柏拉图站在口头传统和书面传统的"剃刀边缘平衡"之时,他对神话和哲学之间的关系提出了一种独到见解。② 他的研究强调,柏拉图对书面哲学的举棋不定使他对于书面措辞每个要素的精心安排更为突出。纳达夫(Naddaf)曾担任布里松的翻译,他视亚特兰蒂斯为[11]柏拉图描述城邦正确排序中的核心要素。他建议对话的戏剧顺序与朱克特建议的不同;该顺序显示出亚特兰蒂斯是雅典和

---

① 朱克特,第17页。
② 布里松,第38—39页。

苏格拉底正义之城的陪衬物。最后，布里茨（Mark Blitz）的《柏拉图的政治哲学》（*Plato's Political Philosophy*）为柏拉图对话中最普遍的主题提供了广阔视野。其见解对于把《蒂迈欧-克里提阿》和柏拉图的其他作品联系起来尤为有用。

  我的课题以第二章探讨《蒂迈欧-克里提阿》中柏拉图亚特兰蒂斯神话的原始版本而始。第三章研究了培根作为与马基雅维利思想有关的现代奠基人之地位，简要描述贯穿其著作始终的思想红线，后者在《新大西岛》中达到登峰造极的程度。在进入第四、五章的《新大西岛》文本分析之前，我尝试说明《新大西岛》在何处与培根庞大的科学-哲学计划相吻合。第四章涉及本色列岛"民间"社会的历史、宗教和风俗，而第五章考察以所罗门之宫形式出现的科学规则。第六章会讨论培根的遗产，最初保存在霍布斯的思想中，后来为孔多塞（Condorcet）发展和（也许是永久地）改变。自由主义和政治科学出现在现代世界，部分可以追溯到培根对哲学与政治的关系、哲学家在城邦中作用的重新商榷。培根认识到现代科学将不可逆转地改变政治社会，《新大西岛》展现给我们，缺乏对自由原则的坚定承诺和哲学质疑，社会将会变成什么模样。

第二章 柏拉图的亚特兰蒂斯

[13]为了完全理解培根的意图,有必要回到柏拉图——亚特兰蒂斯神话的源头。本章研究柏拉图《蒂迈欧》和《克里提阿》中亚特兰蒂斯的起源。我细致分析了神话本身,希望发现培根的转变如何表明两位思想家之间的哲学差异和共鸣。不少评论家认为培根选择把亚特兰蒂斯吸纳到《新大西岛》中的做法是在抨击柏拉图。① 从另一方面来说,温伯格提醒我们,"治理的科学永远艰难,良好的治理永远罕见"。② 现代和后现代哲学经常忘却这点,于是在对物质主义或者抽象权利的过度关注中成为危险的乌托邦。③ 培根了解其计划之艰难,由是诉诸古人,用一个最初以腐败闻名的地方来命名其所谓的乌托邦。正如维克利指出的,"对古希腊人的后现代阅读提醒我们,哲学无法回避存在的基础与统一这类根本问题"。④ 无从超越或放弃柏拉图——这是培根亲近柏拉图的关键。

培根运用了柏拉图的方法,以致影响了其否定柏拉图的表象。

---

① 怀特,第112页。
② 温伯格(1985),第331页。
③ 温伯格(1985),第331页。
④ 维克利,第42页。

柏拉图的继承者如此破坏对柏氏作品的诠释，以至于培根不得不与传统决裂。在此过程中，他实际上通过接近哲学和城邦回归了柏拉图。培根及其同代人为哲学提供了生存之道，但他从未鼓吹不要学习古人。① 他或许曾经意识到柏拉图为哲学家和城邦之间根深蒂固的紧张关系提供了最佳答案，由此也就关涉到自己为哲学家与科学家的和平相处创造空间。

柏拉图的《蒂迈欧》和《克里提阿》产生于一次单独的聚会，形成了一场讨论的两个部分。对话中，苏格拉底与蒂迈欧[14]相遇，后者是来自意大利洛克里、有成就（如果是想象的话）的哲学家；克里提阿是个雅典人，作为三十僭主之一帮助推翻了民主制；赫莫克拉提斯（Hermocrates）是叙拉古的政治家，他为雅典西西里远征的失败做出了显著贡献。② 这三个参加谈话的人透露出，前一天晚上，他们连同不知名的第四人一起见到苏格拉底，聆听了一场演讲。为了用自己的谈话来回报苏格拉底，他们重新碰面。朱克特认为也许读者被用行动带到一个阴谋面前。③ 这三个谈话者都是民主的劲敌，苏格拉底自己则刚刚认可了绝对不民主的政权作为正义之城的最大希望。④ 他们在夜晚碰面，讨论苏格拉底的城邦作为一个真正政治实体的可能性。

---

① 科尔克拉夫，第65页。科尔克拉夫认为培根"光的商人"是现代政治哲学家的隐喻。现代哲学必须回归古人，学习何为有用，将此知识适用于现代社会。现代政治哲学家必须向古人学习，而非变得依赖他们。
② 近几年经常争论克里提阿的身份。朗佩特和普莱尼克斯（1997）主张对话中的克里提阿实为那个有名僭主的同名祖父。他们作此断言的依据主要在于，僭主克里提阿不可能在公元前421年参加聚会，那时据说已经安排了对话。假设柏拉图毫不犹豫地玩弄了时间表以促成相关各方的会议，并且蒂迈欧是个虚构的人物，那么我认为朗佩特和普莱尼克斯的论断就是有问题的。我相信这个角色意味着援引了僭主克里提阿。
③ 朱克特，第429页。
④ 苏格拉底早期的演说似乎已经与《理想国》中给出的相似。

第二章 柏拉图的亚特兰蒂斯

《蒂迈欧》在几个方面是一篇奇怪的对话。它并不包括苏格拉底对谈话者的质疑。参加者反而一致同意为了款待苏格拉底,轮流发表长篇演说。苏格拉底并未被描绘成一个旁观者或不合时宜的人。他是尊贵的客人,未曾卷入与其他参加者的公开冲突之中。谈话如此之长,以至于每位参与者都要进行单独对话。但实际上,蒂迈欧和克里提阿每人都有同名的对话,却未见赫莫克拉提斯的演说。克里提阿发表了一个古老故事的演说,这个演说与古代雅典打败亚特兰蒂斯这个已然消失的城市有关。他在《蒂迈欧》中开始演说,但后来由于蒂迈欧发表关于宇宙起源和性质的演说而中断。克里提阿之后在《蒂迈欧》中重新开始其演说;他的发言涉及亚特兰蒂斯的城市结构和制度,但是实际上从未描绘过两个城市之间的那场较量。历史上,蒂迈欧的言论吸引了比克里提阿更多的评论。尽管他对宇宙性质和人之本性的解释无疑重要,但我将为研究之故,把讨论限定在克里提阿的言论之中。但在任何讨论开始之前,必须先处理赫莫克拉提斯的沉默。

鉴于赫莫克拉提斯在雅典与其故国西西里之间战争中的作用,人们会推论出他一定曾就适应战争的政治现实发表过演说,这篇演说将使人想起修昔底德在古典思想中的角色。[①] 卡克瓦吉在其导论中支持这一观点,指出《蒂迈欧》发生在西西里远征之前。昔日反对古老亚特兰蒂斯的雅典,这一政治自由的拥护者,正在成为帝国。[②] 较之古代雅典,古典意义的雅典、对话者口中的雅典与亚特兰蒂斯有更多的共同之处。实际上,古代雅典击败亚特兰蒂斯与波斯之败于古典雅典极为近似。[③] 修昔底德尤其主张,停滞

---

① 施特劳斯(1964),第 140—141 页。
② 卡克瓦吉,第 7 页。
③ 朱克特,第 434 页。

于政治而言是不可能之事———一种弥漫于《蒂迈欧》中的情感,一场与动机密切相关的对话。① 但赫莫克拉提斯并未开腔。也许他的演说才是不适合言说的真相?

在研究对话本身之前,人们也必须确定《蒂迈欧-克里提阿》于何处适合了柏拉图式准则。朱克特的主张令人信服,[15]她认为依据戏剧时间而非作品顺序来考虑对话,才能更全面地把握住柏拉图的意图。② 她提供的对话顺序展现出苏格拉底哲学的上升、成熟和局限。在传统意义上,人们将《蒂迈欧》和《克里提阿》视为下列对话的组成部分:《理想国》、《蒂迈欧》、《克里提阿》、《赫莫克拉提斯》(Hermocrates)(遗失)。尽管朱克特和纳达夫一致认为这一顺序可能正确,但他们之间就《法律篇》的位置出现了分歧。

朱克特认为《法律篇》显示出城邦需要苏格拉底的哲学,构成了柏拉图叙述的开端;纳达夫认为对话的正确顺序也许是:《理想国》、《蒂迈欧》、《克里提阿》、《法律篇》,《法律篇》满足了赫莫克拉提斯演说的要求。③ 两种主张都有说服力,对柏拉图研究意义重大。倘若纳达夫是正确的,亚特兰蒂斯在柏拉图思想中的作用就更为清晰。在这种情况下,对于柏拉图从《理想国》中想象之城邦挪到《法律篇》中的次等好城邦来说,包含了亚特兰蒂斯神话的《蒂迈欧》和《克里提阿》就是必要的。朗佩特和普莱尼克斯认为这种挪动是柏拉图与培根关系的关键之处,就如同培根理解柏拉图的帝国政治。《蒂迈欧-克里提阿》以新宇宙论赋予这个最伟大城邦的行动,由此取代了荷马。④ 柏拉图不断改变视野,展示出哲学如何以允许其塑造政治现实的方式去适应政治现实。培根的亚特兰

---

① 卡克瓦吉,第9页。
② 朱克特,第7页。
③ 朱克特,第9页;纳达夫,第202页。
④ 朗佩特和普莱尼克斯,第122页。

蒂斯尾随了柏拉图的哲学帝国主义,而非柏拉图的亚特兰蒂斯。但亚特兰蒂斯是这种转变的关键。我将研究《蒂迈欧》和《克里提阿》中描述亚特兰蒂斯的部分,以展现这个消失的城市在从完美哲学到政治现实转变中的作用。

《蒂迈欧》

《蒂迈欧》以苏格拉底叙述其早先的演说作为开端。演说涉及最好的政体形式;它在诸多方面与《理想国》近似,也包含几个重要差异。值得注意的是,苏格拉底的演说并未包括人们大书特书的城邦理念;也未讨论灵魂的适当排序。哲学美德被忽视,政治美德的讨论取而代之。通过追问蒂迈欧的政治蓝图是否得到满足,或者他们是否"仍然在深切渴望曾经言说过的东西",苏格拉底承认《理想国》在这些方面的缺席。[1] 蒂迈欧愉快回应道,苏格拉底对早先演说的叙述是完整的。为研习哲学之故,苏格拉底向蒂迈欧询问爱欲,后者透露自己并非真正的哲学家。正如卡克瓦吉注意到的那样,苏格拉底因蒂迈欧在哲学上的成就而非智慧赞美了他。[2] 蒂迈欧掌握了世故之术,但他[16]并不对真理拥有爱欲般的渴求,这点是苏格拉底哲学的标志。朱克特注意到,蒂迈欧的演说并未给出在启蒙之后,哲学家被迫回到政治社会之洞穴的缘由。[3] 蒂迈欧的宇宙学并不承认自然或造物主的缺陷;人类不需要生活在社会中,哲学家也不需要寻求他人的社会以增进自己的理解力。蒂迈欧没有表明对城邦而言,哲学是危险还是必要;因此

---

[1] 《蒂迈欧》,19a—b。
[2] 卡克瓦吉,第5页。
[3] 朱克特,第467页。

哲学家就应能够在任何社会静谧地生活。蒂迈欧缺少苏格拉底的爱欲,这是一种对永恒真理的渴望,这种真理是永远力不能及的。蒂迈欧与城邦相处其乐融融,苏格拉底却不能停止追问。

苏格拉底表示渴望听到言语描述他那流动的城邦。① 从《理想国》到《法律篇》的进展已然表明,只有在一个与世隔绝的环境中,最佳城邦才能保持其原始美德。接触其他城邦会不可避免地带来变化,在《理想国》对贪污、腐化的讨论中已经涉及到这一事实。理想城邦可能不如次等城邦富有活力,而这种城邦正是苏格拉底用请求作了预兆。苏格拉底也注意到目前的同伴是这项任务的理想人选,因为他们都与城邦政治生活有着错综复杂的联系。苏格拉底悲叹道,他未曾充分赞美过雅典及其民众。② 他对此无能为力,这与其哲学本性有关;苏格拉底对不正义洞若观火,以至于他不能成为一个成功的政治家。诗人们缺乏想象力去真切看到战争中的人们会如何作为,诡辩者不会如实赞美一个城邦,因为他们对任何地方都缺少忠诚。③ 这些批评甚为奇怪,但的确揭示了历史学家的必要性。预言一个城邦在战时会如何行动的最佳途径就是去研究其他城邦在战时曾经如何行动。韦利弗注意到,作为有瑕疵之雅典的一员公民,克里提阿确实打算背诵梭伦的诗篇。他不会比一个诗人更有资格安置苏格拉底的流动城邦。④ 苏格拉底需要修昔底德。

然而,修昔底德没有出现。反而是,克里提阿引入了一个源于梭伦并通过其家族流传下来的故事。⑤ 他声称梭伦故事中描绘的

---

① 《蒂迈欧》,19c。
② 《蒂迈欧》,19d。
③ 《蒂迈欧》,19e。
④ 韦利弗,第29页。
⑤ 《蒂迈欧》,20d—e。

第二章 柏拉图的亚特兰蒂斯

古代城邦与苏格拉底演说中的城邦如此相似,以至于他们仅仅只需要回想那个故事就可以看得到苏格拉底的流动城邦。克里提阿体现出了一己之爱,这种爱让《理想国》的城邦化为泡影。智慧逐渐与一个人昔日的记忆同一,而非哲学的追求。① 克里提阿表现出对神话的蔑视,将自己的故事视为消失的历史。② 他明确分辨了美好事物和古老事物,同时强调了自己家族的古老。③ 时至今日,雅典的大多数人仍然对梭伦(名字和作用近似于所罗门和所拉门那)的故事一无所知。这个秘密是个重要的细节,正如本色列岛的世界历史比欧洲的世界历史更为准确,埃及的雅典历史比雅典自己的更为准确。[17]这个谜团的答案也许可以在老年克里提阿对梭伦的描述中找寻得到。据说,他不仅智慧,而且是诗人中最为高尚的。④ 老人叹息梭伦对待诗歌如同"兼职",且为政治责任所碍未能完成其故事。克里提阿把梭伦的故事作为历史,在这里被描绘成了诗歌。完美的政治家梭伦并不轻视诗歌。他认识到有些事物必须以诗意形式才能够得以表达。柏拉图谴责诗人却写哲学诗。修昔底德用辩论和演讲的虚构记述补充史实。诗歌极为强大,尤其是用理性和真理编就之时。在晚些时候,培根逐渐完全明白了这个道理。

克里提阿讲述了梭伦和一群埃及祭司之间的会议。塞易斯([译注]Sais,古埃及地名)的祭司声称与雅典人有联系,因为雅典娜创建了他们的城市。⑤ 他们的宗教与雅典的名称相同,然而传统和信条却很不一样。通过背诵人类在一场毁灭性洪水之后

---

① 卡克瓦吉,第11—12页。
② 卡克瓦吉,第13页。
③ 朱克特,第431页。
④ 《蒂迈欧》,27c。
⑤ 《蒂迈欧》,27e。

的事件和宗谱,梭伦试图给这群博学的祭司留下深刻印象。[①] 祭司回应道,"你们希腊人永远是孩子!"[②]希腊人永远年轻,因为无数自然灾害已经抹去了古老的痕迹。希腊的年轻意味着他们富有革新精神。这也意味着他们需要神话教会其虔诚和谨慎。祭司们援引科学解释希腊神话,并感叹希腊人缺乏古老的智慧。

祭司们用科学为神话辩解,而不是首先向梭伦解释神话的作用。柏拉图对神话的描绘和运用指向了对神话价值的坚定信念。神话用来教导孩子,以及那些理性尚未完全形成的成年人。[③] 只有极少数人会获得足够的理性去充分支配灵魂的欲望部分,这些人自然而然地倾向哲学,并且也愿意孜孜不倦地工作以获得哲学上的领悟。其他人至少部分会依赖于神话的道德指导。朱克特令人信服地论证了,为何苏格拉底的正义之城不得不重新接受诗人的原因。人类不能仅仅通过理性控制自己的激情来理解或者实现政治秩序。相反,"人类的激情必须依附于适当目标……像苏格拉底般的哲学家在学习人类真正渴望什么方面必然会超越诗人。"[④]柏拉图了解这点;如果是为了教导城邦,那么政治哲学家必须利用神话。他们必须向诗人学习,并教会诗人明智使用自己的知识。埃及祭司不重视神话,因为他们并不肩负培养年轻人美德的责任。

埃及人视自己为古老事物的专家,因为他们的智慧可以记载下来。智慧是历史的知识,真理是纯粹的事实。[⑤] 埃及祭司解释法厄同神话的时候,运用了天体运动和野火周期[18]爆发的科学理由,却完全漏掉了神话的教训:那些寻求规则来证明其智慧和卓

---

① 《蒂迈欧》,22b。
② 《蒂迈欧》,22c。
③ 布里松,第 75 页。
④ 朱克特,第 475—476 页。
⑤ 卡克瓦吉,第 13—14 页。

越的人将会导致自己和社会的毁灭。埃及祭司站在了《理想国》守护者的对立面。为了用美德教导城邦,守护者们延续了这个高贵的谎言。祭司们广泛传播科学知识,却疏于教导梭伦政治生活。

这两个群体都与培根所罗门之宫的科学家相反,后者用自己的科学认知来创造神话和奇迹。科学家们没有兴趣培养公民,他们对控制有兴趣。在本色列岛不存在哲学教育的可能性。如同布里松注意到的,神话构成了手段,一个社会的共同认知和信仰通过这种手段得以世代相传。① 神话意味着把这样的信息传递给了孩子们,这些信息会在日后受到客观学习的挑战或验证。倘若哲学或者科学的理解力没有超越神话的信仰,社会就不会老化或者成长。柏拉图否定了祭司们对神话的科学分析,既由于它忽略了神话所传递的众多真理,也由于科学-哲学的对话致力于发现真理,因此不应该用来诠释神话。② 神话在文字上的真假无关紧要;人们只应当考虑神话对年轻人而言是有用抑或有害。

祭司赞美古代雅典人是人类最为优秀和美丽的种族,但却叹息由于缺乏文字记载的历史,他们的事迹(和典范)已然遗失。③ 这再次阐明柏拉图与写作、说服之间的紧张关系。柏拉图最终赞成把写作作为传递知识的手段,但是他的写作方式强烈表明,书面哲学必须竭力避免简单化和教条主义。雅典和亚特兰蒂斯之间的较量发生在他所居城邦建立的 1000 年前。祭司未曾言说消息是如何传到他们那里的。他也注意到,古代雅典是由祭司阶层而非哲学家所统治。④《理想国》中的哲学家们掌控着宗教,但他们不

---

① 布里松,第 116 页。
② 布里松,第 127 页。
③ 《蒂迈欧》,23e。
④ 《蒂迈欧》,24b。

是祭司。从另一方面来说,所罗门之宫的科学家们既是科学家又是祭司。培根的创新在于提出了统治者不仅控制宗教,他们还主动创造它。

　　柏拉图的亚特兰蒂斯远在大西洋,对欧洲、亚洲都是个威胁。[①] 它威胁到了外国帝王的政治优势和神祇的自然优势。霍兰德注意到,"在一个强调战争、人与自然抗争的背景之下,蒂迈欧展开了他煞有介事的故事。"[②]亚特兰蒂斯不只在于扩大其在自然界的力量;它是政治也是科学中的帝王。埃及祭司宣称古代的航海技术相当不错,这个细节会在培根的故事中得到重现。海事规则是雅典人和大英帝国的标志之一。航海使得岛屿得以控制,但也在很大程度上防止了隔绝。正如纳达夫认为的那样,亚特兰蒂斯必须找到一条道路平衡其稳定和不稳定因素,这些因素既来自人类也源于自然。[③] 自由和稳定之间的张力形成了政治生活的核心问题,一旦不能获得平衡,那么二者将皆受其害。

　　在这篇演说中,克里提阿并未详尽描述亚特兰蒂斯或者古代雅典的政治或文化。亚特兰蒂斯被描写为一个国王的联盟,这些国王统治着一个疆土辽阔的帝国。雅典时而率领着其他希腊城邦、时而独自对抗亚特兰蒂斯,但它和亚特兰蒂斯之间却历来对立。[④] 雅典从亚特兰蒂斯手中解放了所有岛屿,却为将亚特兰蒂斯沉入海底的同样灾难所摧毁。地震、洪水摧毁了雅典军队和亚特兰蒂斯岛屿,祭司把它们形容为纯粹的自然现象:时光之变迁,而非神之惩罚。[⑤] 之后,克里提阿貌似将故事转变为宙斯报复自

---

① 《蒂迈欧》,24c。
② 霍兰德,第18页。
③ 纳达夫,第200页。
④ 《蒂迈欧》,25d。
⑤ 《蒂迈欧》,26d。

负的亚特兰蒂斯人。假如地震和洪水的确是对亚特兰蒂斯有预谋的报复,那么古代雅典的毁灭就暗示着比神之公正更为麻烦的事情。

在克里提阿对亚特兰蒂斯的描述中不同无所不在,维达-纳克(Vidal-Naquet)的这一观点强调了雅典虚构、夸张之昔日的重要性。① 但正如韦利弗正确指出的那样,从城邦到帝国,亚特兰蒂斯之举与雅典所为有着惊人的相似之处。② 波斯战争之后,雅典成为一个海上帝国,最终承袭了旧时对手的野心和傲慢。斯巴达填补了雅典空出的角色,即以小国之力对抗帝国侵略者;波斯战争的历史很快在伯罗奔尼撒重现。《克里提阿》是柏拉图剖析和批评古典雅典的途径,它是亚特兰蒂斯和古代雅典的混合。柏拉图利用克里提阿——后者帮助瓦解了雅典的民主——描绘了一个古老的贵族国家被骄傲或者持续交战所击败。哲学和暴君之间的关系清晰地出现在苏格拉底和克里提阿的关系中。苏格拉底早些时候的演说用梭伦的故事提醒克里提阿,后者花费晚上的时间记住了。③ 他有可能改写了梭伦的演说以迎合自己的目的——这是不成文历史的好处和缺陷。克里提阿的动机是双重的。通过展示最佳政体不仅能够存在,而且它的形式之一已然出现在过去,他试图让苏格拉底的最佳政体合法化。通过显露他们祖辈勇敢且有德行,也拥有可能是最好的制度,他也试图为雅典赢得荣耀。④ 克里提阿打算给予《蒂迈欧》的第一人以雅典公民权。⑤

克里提阿尝试把最佳城邦和古代雅典联系在一块,这指向了

---

① 纳达夫,第11页。
② 韦利弗,第42页。
③ 《蒂迈欧》,26b。
④ 卡克瓦吉,第12页。
⑤ 《蒂迈欧》,27b。

最佳城邦中处于核心位置的不可能性。在先前的演讲中,苏格拉底建议公共的婚姻和抚养子女。① 借助共同拥有妻子和孩子的方式,苏格拉底实则并不企图排除爱欲。通过让所有公民成为可能的家庭成员,他试图消除爱欲的独占性。[20]当然,这并不奏效。我们热爱家庭既出于它属于自己的缘故,也出于相似和共同回忆的缘故。《理想国》承认了人性的此一方面,把给予自己孩子优先待遇的愿望标志为跨入城邦堕落的入口。克里提阿想荣耀雅典,为此之故将会败坏苏格拉底的城邦。

虽然亚特兰蒂斯的主题已经引入,并在《蒂迈欧》开篇经过了简单讨论,但是由于支持宇宙起源的演说,克里提阿就推迟了有关亚特兰蒂斯和古代雅典之间较量的演说。蒂迈欧的演说通过对创造的数学/科学介绍而解释了宇宙的诞生。工匠和星际之神的行为都得到了详尽阐释。最为重要的是,蒂迈欧希望听众能够了解自然界的秘密,即便这些秘密尚未能够被复制出来。作为比较,所罗门之宫的科学家想要解开自然的秘密,但也相信他们能够复制和改善这些秘密。《蒂迈欧》以开端作为其终极主题,然而《新大西岛》关注的是科学目的。蒂迈欧区分了不断形成的事物和始终如此的事物。正如卡克瓦吉主张的那样,工匠就是"我们应该相信"的神灵。② 神灵才最为适合最佳社会。工匠总是为了公益而行动,将其才能作为神圣的礼物赠给世界。他是慷慨的。蒂迈欧微妙地警告苏格拉底,他必须满足于关于起源和神祇那些煞有介事的故事。③ 如同苏格拉底对最佳城邦的描述,蒂迈欧对工匠的描述至少部分是花言巧语。哲学的傲慢无益于其

---

① 《蒂迈欧》,18d。
② 卡克瓦吉,第17页。
③ 卡克瓦吉,第18页。

目的。

根据蒂迈欧的演说,所有有朽事物都有一个不断形成的过程,所以必须决定它们如何与永恒事物关联起来。[①] 这种探索形成了传统哲学的基础,即对智慧和真理如爱欲般的渴望。它预示着人类生活的每个方面,从形而上学到政治层面。在现代世界里,它会被重新诠释为人类的追求,追求去主宰那永恒的大自然。柏拉图把大自然的魅力和优雅展现为可以度量出来的比例和方程,从而预见了永恒事物和数学科学之间的联系。这个可能的故事意味着一个神话也意味着一种科学解释。[②] 创造是天地万物的排序;宇宙的科学——数学性质令其成为可能。如同在本色列岛,奇迹能够用科学进行解释。

蒂迈欧的演说不仅是整个开端的记述。它也记述了人性。他演说的高潮部分涉及到神之创造:性。[③] 爱欲是人类理性所无法克服的基本方面。通篇演说,蒂迈欧试图把宇宙立足于艺术而非性之上。通过为性爱是纯粹的需要进行辩解,他尝试容纳爱欲的疯狂。它没有被赋予精神意义。[④] 本色列岛宫里的科学家们[21]做了类似尝试,把公众的爱欲减少至简单的生育。蒂迈欧的尝试从根本上说是有缺陷的;柏拉图再三显示出这一企图,即力图把爱欲降至只是注定会有的生理感觉。作为柏拉图细致的读者,培根一定知道这点,还把它纳入到自己的故事之中作为本色列岛缺点的象征。

蒂迈欧断言一切事物都通过必然或者神圣而产生。神圣是所有美好事物的成因;寻求必然是为了服务于美好事物。智慧作为

---

① 《蒂迈欧》,28a—29b。
② 卡克瓦吉,第42页。
③ 卡克瓦吉,第39页。
④ 《蒂迈欧》,91a。

神灵的产物,据说已经说服了引领事物臻于至善必然,才让宇宙得以运转。① 卡克瓦吉指出,这意味着"世界受到某种宇宙修辞学的有效掌控和构建。"② 为了促进繁殖之故,从堕落男性的灵魂中创造出了女性。她是必要的,所以尽管爱欲具有破坏性,却也能用于服务美好事物。只有引入了退化,宇宙才能够完整。③ 一个完美、静止的宇宙不可能存在。自然界的灾祸建构了宇宙的性质。堕落是整体的一个部分,如同大自然一般不可逾越。

《克里提阿》

《蒂迈欧》结束后,《克里提阿》随即开始。蒂迈欧向诸神询问正义;倘若他关于神祇起源的言辞有所失误,希望得到神祇的纠正。他请求获得谅解而不是惩罚。④ 克里提阿同情蒂迈欧,但宣称自己的演说主题(雅典和亚特兰蒂斯之间的较量)比蒂迈欧(宇宙起源)的更难。⑤ 因为我们熟悉人类,我们批评那些用演说和艺术来代表自己的人,要比批评那些代表神祇的人更为严厉。这一观点是可疑的,甚至可能完全不真实。异端和不敬神被处以死刑,而对人们描绘的不准确仅仅只是加以嘲笑。克里提阿向记忆女神谟涅摩绪涅(Mnemosyn)祈求,自己的成功抑或失败均取决于她。⑥ 克里提阿又一次强调了缺乏文字记载历史的优劣。他断言亚特兰蒂斯和雅典之间的较量发生在梭伦听说之前的9000年,相信梭伦和自己的记忆都能够准确地回想起这个故事。从另一方面来说,如果亚特

---

① 《蒂迈欧》,48a。
② 卡克瓦吉,第28页。
③ 《蒂迈欧》,92c。
④ 《克里提阿》,106a—b。
⑤ 《克里提阿》,107b。
⑥ 《克里提阿》,108d。

兰蒂斯意味着道德故事,那么没有文字记载的形式会允许讲述者改变细节以便更好地说服听众。然而,克里提阿坚持把故事构造为历史事实。① 他声称亚特兰蒂斯已经被地震完全毁灭,地震产生的大量海洋泥浆使得那部分海洋在他们那个时代不可通航。

克里提阿承诺描述雅典和亚特兰蒂斯各自的政权和结构,但警告说雅典才是荣耀之地。在[22]文明开始之时,众神毫无纷争地划分了土地,因为"声称神祇不曾意识到,此时对各自合适的在彼时并不适宜。"②神祇知晓何为正义,且不会行非正义之事。克里提阿描述的神圣和荷马式神话意见相左,但与苏格拉底在《理想国》中表达的愿望一致。③ 在克里提阿的演说中,神祇以说服而非压制的方式引导人类行为。然而,人们不应忘却的是,人类得始终意识到人神力量的悬殊。压制是隐含的,但没有明确表现出来。众神寻求改善自然和人类社会。雅典娜和赫菲斯托斯(Hephaestus)都通过抽签接受了雅典,并且以土造人。克里提阿复述了这个雅典神话,补充说神祇给予人类"如何管理社会的观念"。④ 他还声称这些原始民众的姓名得到了保留,但其事迹却遗失了。神祇的建议大概也遗失了。尽管朱克特认为克里提阿把雅典美德的来源从正确的劳动分工变换为虔诚,⑤我却认为,克里提阿把善政视为对失去之神圣智慧的恢复。神的建议似乎已经形成了政府的大部分工作原则,但克里提阿并不主张神

---

① 朱克特认为在第 431 页上克里提阿两次演说的前后矛盾之处,表明他的整个故事是编造的。
② 《克里提阿》,109b。
③ 雅典起源的传统神话包括了波塞冬和雅典娜之间在即将建立城邦的土地之上的战争。苏格拉底认为神祇之间不公正或争斗的故事应该禁止出现在《理想国》中,377e—383d。
④ 《克里提阿》,109d。
⑤ 朱克特,第 433 页。

制定了具体法律。揭示最佳治理方式的任务仍然落到了哲学家和政治家身上。

克里提阿断言,尽管传统雅典依然肥沃、富饶,但它仅是古代雅典的遗迹。古代雅典粮食富庶、牲畜众多,这让它能够维持一支不事稼穑的庞大军队。在千百年的洪水洗礼下,山峦变为山丘,泥土沉入大海,还受到一些消耗性疾病的关顾,雅典留下了现在的形骸。这呼唤的不仅是昔日辉煌理念,还有政治蜕化。克里提阿展现出全面的地理和生物学知识,但却用虔诚增补其科学知识,声称是宙斯送来了助益庄稼生长的雨水。

接着,克里提阿开始把古代雅典和苏格拉底的最佳城邦联系起来。灾难之后,幸存下来的只有目不识丁的山居之民,他们除了祖先名字之外一无所知。可是,他们以祖上为荣,给孩子们取了祖先之名。山居之民不得不关注自己的物质需求,没有致力于保存或发现真理。古代雅典只有祖先之名和关于神的某些观念。譬如,雅典娜被描绘成全副武装,古代传统反映了:既训练男性也训练女性,以备战时之需。[1] 雅典有从事制造业和农耕的阶级。其武士阶级是与众不同的"神一般的人",他们独立生活,也不拥有私人财物。[2]

这番断言之后不久,克里提阿就自相矛盾了。护卫者和祭司们据说现在住在雅典卫城,与城邦的其他部分隔绝开来。尽管据说最初他们也居住在一起,克里提阿其时主张道,"为了追求一种介于排场和奴性之间的折中,他们[23]为自己建造了雅致的房屋,和子子孙孙生活在里面,直至老去。"[3] 克里提阿不仅自相矛盾,他

---

[1] 《克里提阿》,110b。
[2] 《克里提阿》,110c。
[3] 《克里提阿》,112c。

还透露古代雅典与苏格拉底的城邦甚少相似之处。苏格拉底之护卫者最重要的特征是不能知晓自己的后人。正是他们生活方式的这个部分,指向了置公民美德于爱自己之上的极端困难。共妻、共子也是苏格拉底城邦最为违反常情的一个方面。布利茨假设,柏拉图视自然之物为"自己的或者最完全属于自己的"。① 这种对自然之物的理解是指诸如节制、勇气、渴求哲学之类的内在特征。但就外在方面而言,最为完全属于自己的事物是孩子。舐犊之情无疑是自然的,很可能是人性中的基本方面。任何超越此种感情的企图不仅仅是试图超越自然,它还企图将人性改变到如此程度:人类自身成为新物神。

克里提阿坚持认为,希腊世界的其他地方会心甘情愿地追随雅典人。② 护卫者没有被当作一种征服力量而存在。克里提阿没有解释城邦如何从山居家庭发展到有组织的阶级,或者神一般的人是谁。神一般的人的出现意味着哲学家的存在,后者知晓永恒的事物。但据说护卫者并非哲学家、政治家、甚至祭司。他们是武士阶级。希腊人也许曾经自愿跟随过雅典人,因为雅典拥有军事优势。压迫的威胁已经足以确保合作。这种动力在《新大西岛》中也显而易见。所罗门之宫貌似十足的仁慈,但岛上无人不知科学家可以轻而易举地屠杀他们。

为了理解雅典和亚特兰蒂斯之间的较量,了解亚特兰蒂斯的结构和历史就是件重要的事。在《克里提阿》和《新大西岛》中,重要的是了解政权如何走向最终状态。不像演说中所创造出来的城邦,真实的城邦总是渗透了民众的历史。克里提阿承认梭伦的描绘多少带有诗意色彩。埃及祭司把亚特兰蒂斯人的名字根据含义

---

① 布利兹,第 121 页。
② 《克里提阿》,112d。

翻译成埃及语人名。相反，梭伦则按照最初的定义把名字翻译成希腊语。①梭伦揉入了点诗意的自由，使得故事更加吸引希腊观众。他以牺牲准确细节为代价，增添了故事的说服力。克里提阿也曾透露，他有梭伦手稿的副本。他并没有如同之前宣扬的那样，完全依赖于对故事的记忆。有文字记载历史的出现是个重要环节。克里提阿的演说包含了几次这种矛盾。不能认为他是故意欺骗同伴；否则，他在揭示这些差异之时可能会更加谨慎。相反，我认为克里提阿的缺点是因为[24]急于美化古代雅典、思考中缺乏严谨所导致。克里提阿不是哲学家，无法把握某些思想的重要性，这说明一个倾向于政治和哲学的人是如何成为暴君的。

亚特兰蒂斯的国王们是波塞冬（Poseidon，[译注：希腊神话中的海神]）。和凡间女人克雷图（Kleito）的后裔。②克雷图是亚特兰蒂斯土著居民的女儿；雅典和亚特兰蒂斯居住着泥土塑造的人们。然而就亚特兰蒂斯而言，波塞冬和克氏生养孩子，让他们进行统治，从而介入了城邦发展。雅典娜教导她的人民如何统治，波塞冬强加规则给这些可能出众、半人半神的国王们。为了确保克雷图的安全，波塞冬围绕着她在山坡上的家，把亚特兰蒂斯岛分成五个环形，两个由陆地组成、三个由海水组成。波塞冬和她住在那里，养育了五对双胞胎儿子。与其他神不同，他似乎积极养育了凡间的孩子。为了便于儿子们统治，波塞冬后来把岛屿划分成十个区域。老大是位列其他人之上的国王，他们被称为执政者（Archontes）。③有好几次，克里提阿把亚特兰蒂斯社会与古典时代的雅典社会联系了起来，让柏拉图提醒读者关注两个社会中令人不

---

① 《克里提阿》，113a。
② 《克里提阿》，133d。
③ Archontes 也指古代雅典的九个首席法官。《克里提阿》，脚注58。

安的那些方面。

亚特兰蒂斯是世袭君主制。阿特拉斯（Atlas）的国王们极其富有，积累了大量财富，扩张着自己的统治。① 小岛物产相当丰富，几乎自给自足。亚特兰蒂斯有两次丰盛的收成。冬天这次依赖宙斯送来的雨水，但夏天那次是亚特兰蒂斯人在灌溉系统储水的结果。他们致力于科技进步以确保双倍繁荣于仅仅依靠神灵或大自然。当然，现代读者也知道，每年两次收成意味着土壤会很快被双倍耗尽。

克里提阿接下来介绍了亚特兰蒂斯的植物、动物和矿物。② 亚特兰蒂斯是拥有大象这样的熟悉物种和外来物种的家园。后来，当叙述者了解本色列岛的时候，培根在《新大西岛》中借鉴了这些言辞。首先给出小岛的历史，然后是社会财富和科技状况。在《克里提阿》中没有讨论婚姻仪式，这种仪式超越了亚特兰蒂斯人神圣之爱的起源。亚特兰蒂斯早期的国王应该是像神一般的人，但他们没能建立持久的法律和习俗，以防止后世子孙的堕落。

阿特拉斯的国王们不懈前行。他们每个人都试图在前辈的基础上有所改进，尤其是在建筑领域。③ 他们在首都的主要平原上建造了一个矩形网格。他们从宫殿而始建造跨越海洋之上的桥梁，并顺着陆地挖掘运河。他们还在神祇的古代家园建造了一座宏伟宫殿。与培根的所罗蒙那不同，他们并不追求停滞。阿特拉斯的国王们[25]不断寻求对自然和波塞冬事业的改进。事实上，桥梁和运河超越了神祇建构海岛的最初意图。亚特兰蒂斯的所有部分都可以经过国王们的工作而达到。这是傲慢的证据，这种傲

---

① 《克里提阿》，114a。阿特拉斯是波塞冬和克雷图最大的儿子；他的后人称为阿特拉斯的国王们。阿特拉斯的国王们承担着统治其他国王的责任。
② 《克里提阿》，114e—115b。
③ 《克里提阿》，115d。

慢在表面上导致了他们的毁灭。亚特兰蒂斯人崇拜波塞冬和克雷图以及早期的国王们。他们的寺庙被形容为类型粗俗。亚特兰蒂斯人科技发达,但其宗教实践却原始。尽管他们崇拜的神祇是与希腊人分享的,但他们也同样崇拜自己的祖先。

亚特兰蒂斯的国王们也为战争做好大量准备。他们围绕内岛和陆环建造石头墙,从中心岛屿的下方采掘石头。亚特兰蒂斯人展示了自给自足和科技进步,但这样的细节也为岛屿沉入海底提供了解释。国王们的巧妙建造也许致命地削弱了岛屿的基础。亚特兰蒂斯人口密集,尤其是在首都和沿河岸边。他们按照军衔分派士兵,最好的那些驻扎在中心岛屿。首都与矩形平原接壤,周边群山环绕。岛屿面向南方,大平原自然形成,但经历了国王们的改进和扩张。据说,这是他们最为伟大的建设工程。

虽然没有描绘亚特兰蒂斯的文化,但克里提阿确实阐述了亚特兰蒂斯的政治秩序。在各自的区域中,十个国王拥有绝对主权行事。他们可以如其所愿地惩罚或者处死任何人。但当国王们之间出现争执或者需要像个统一王国般行事之时,他们会受到波塞冬律法约束,这些律法沿袭自传统、为早期国王所镌刻。① 每第五年或第六年,十个国王会聚集在波塞冬的圣殿中,裁决他们之中任何一人是否触犯过法律,并且应该受到什么样的惩罚。为了助益于判断,他们会捕获一头在圣殿里自由奔跑的公牛,供奉在刻有律法的碑碣之前。除了律法,碑碣上也包含了对那些触犯者的可怕诅咒。献祭之后,国王们把公牛的血倾倒在每个人头上。他们会受鲜血和信仰的束缚去遵循律法。

傍晚时分,国王们身着蓝色长袍,把其裁决镌刻在金色牌匾上。②

---

① 《克里提阿》,119c—120d。
② 《克里提阿》,120b。

黎明之时,牌匾和长袍被供奉为纪念之物。纪念之物是保存在圣殿之中还是为祭祀的火焰所吞噬,这点并不清楚。用来描绘这些会议的详细程度是具有说服力的,它们是亚特兰蒂斯统治的核心。国王们的会议与《法律篇》里的夜间委员会有几分相似。他们夜晚会面决定王国的命运。然而不像夜间委员会之处在于,约束亚特兰蒂斯统治者的宗教不是他们自己制定的。最重要的法律禁止国王们携带武器[26]彼此对抗,要求他们始终去帮助一个面临叛乱的国王同伴,要求他们一起商议但在战争中始终把领导权让给阿特拉斯家族,并且明确规定,未得到十个国王中大多数人的同意,阿特拉斯的国王不能处死任何同族人。阿特拉斯的这个父系称为皇室家族;十个国王一块儿被称为神圣家族。克里提阿断言道:

> 对许多代人而言,只要足够的神圣本性留存下来,他们就会顺从法律,并且颇为倾向于有亲缘关系的神……除了美德,他们对其他事物不屑一顾,认为现在的好运没有结果……他们看到财富与和睦降为财产,成为追逐和荣耀的对象。美德也和它们一块枯萎了。①

国王们就像承受负担一样忍受他们的财富,并没有陶醉在享受之中。克里提阿揭示道,即便在清醒的判断中,国王们也能看到,他们的财富随着和睦、美德一起增加。虽然据说亚特兰蒂斯人视美德为所有事物之首,但是国王们并未蔑视财富。他们无疑认识到,富裕王国比贫穷王国更为愉快和安全。但财富不是其目标,相反,财富是美德的副产品。他们的美德与其神圣本性相关。按照克里提阿的观点,人性不以美德为导向,而以奢华为导向。随着

---

① 《克里提阿》,120b—121a。

凡人的欲望一代又一代稀释了国王们神圣的血统，亚特兰蒂斯人开始看重财产。如果人类要避免美德衰落，他们必须设法去接近神圣性。对神圣性的沉思需要避免物质奢华；虽然国王们是有德行的，但他们看到了财富对于王国的价值。对城邦的物质需求视而不见，政治领袖没有这种乐趣。在城邦中必须为哲学觅得一席之地，以便哲学家可以提醒和教育政治家，但哲学家们却缺乏实际统治的能力。

克里提阿结束了演说，宣布"对于任何能够看到[哲学家]的人而言，国王们令人讨厌，因为他们正在失去最宝贵的财产。但是对于那些未看到通往幸福生活真正道路的人而言，正是这个时候他们给人一种极为靓丽和幸福的假象。然而在他们内心充满了对财产和权力非正义的渴望"。[①] 这发生在人性对神性获得支配之时。克里提阿在这里展现了一种哲学理解的能力。他并非完全不正义或是为权力的欲望所攫取。柏拉图再次展示了哲学的那么一点危险性。克里提阿对哲学家及哲学在城邦中的作用并没有完全理解。朱克特正确指出，承认为了追求知识，人类需要一定程度的身体舒适和政治稳定，这是克里提阿比蒂迈欧过人之处；[27]但他没有阐明政权在民众中培养美德的可能性。[②] 他寻求德性，却不知晓在政治社会中如何实现美德。

宙斯，"众神之神"，决心惩治腐败的国王。[③] 克里提阿的措辞是有意为之；它让人想起在其早先演说中蒂迈欧对造物主创造众神的描绘。[④] 宙斯当然是一位被创造的神祇，也许这是另一个证据，

---

① 《克里提阿》，121b。
② 朱克特，第 474—475 页。
③ 《克里提阿》，121b。
④ 《蒂迈欧》41a。

第二章　柏拉图的亚特兰蒂斯

表明克里提阿没有真正理解苏格拉底或者蒂迈欧。宙斯的惩罚意味着让亚特兰蒂斯人"作为惩戒的结果更加谨慎与和睦"。① 亚特兰蒂斯人曾经是高贵的种族、诸神的亲戚。诸神也爱他们自己。然而,正如我们从《蒂迈欧》中克里提阿演说中所知道的,宙斯的惩罚完全毁掉了他们,令改革不复可能。不论是克里提阿错误领会了宙斯的意图,还是宙斯无法控制自己的权力。神的忿怒不一定公正,为了昭示正确之路而惩罚人不一定是正义的。宙斯的错误表明神祇不可能完全公正。如果宙斯并不相信,对堕落之罪而言,摧毁亚特兰蒂斯和古代雅典是个过于严厉的惩罚,那么他这个神就并非完美无缺。这种神应该不会存在于苏格拉底的最佳城邦之中。

在宙斯宣布他的惩罚之前,《克里提阿》精彩地收了尾。② 宙斯召集众神到他们位于宇宙中心最为尊贵的住所,蔑视"所有这一代人",这个短语让人想起蒂迈欧对总在出现的事物和永远存在的事物所做的区分。③ 一旦宙斯聚集了众神,对话伴随着"他说……"就结束了。宙斯的话没有显示出来,因为那需要克里提阿宣称对神祇行动和思想有特定了解。虽然克里提阿早先的观点相对轻松地提到过神祇,但他并没有迈出这一步。宙斯的话仍然神秘,如同亚特兰蒂斯的命运一般。

在《蒂迈欧》中,克里提阿认为古代雅典和亚特兰蒂斯被接二连三的自然灾害摧毁,并没有说它们毁自神的忿怒。克里提阿没有揭示宙斯对亚特兰蒂斯如何进行惩罚,由此导致人们普遍认为宙斯才是这些灾难的原因。然而,这在文本中从未明确言说过。

---

① 《克里提阿》,121c。
② 当然,有人认为对话的其余部分已经遗失或者偶然保留下尚未完成的部分。我阅读柏拉图对话的方法要求我考虑对话中每个要素的意义,仿佛它就是意味深长的。如果能够发现不完整对话背后的哲学或修辞意蕴,那么我理应探讨此种可能性。
③ 《克里提阿》,121c;脚注72。

宙斯的惩罚温和甚至有效，让亚特兰蒂斯人在屈服于自然灾害之前还延续了若干代人。毕竟，亚特兰蒂斯和雅典之间的较量从未在《克里提阿》之中提及。两个城市都受过描述，但在对话中并没有互动。苏格拉底没有能够看到流动的城邦。读者无从得知神的惩罚是否正义，抑或社会的堕落能否逆转。对话的意外结束表明这些问题的答案难以展露给读者。

结　　论

[28]如果将《蒂迈欧-克里提阿》视为柏拉图搭建在最佳城邦和可能的最佳城邦之间的桥梁，也即《理想国》和《法律篇》之间的桥梁，那么柏拉图的亚特兰蒂斯和培根的亚特兰蒂斯之间关系就较之前的假设更有意思。在传统意义上，人们认为，培根反对柏拉图抬高思考的地位，后者把沉思置于行动之上、理论置于实践之上。在这种传统中，《新大西岛》被视为培根试图纠正柏拉图对技术进步的警告。① 我研究的对话揭示出一个不同的柏拉图。柏拉图当然重视思考，几乎可以认定沉思生活是最佳生活。但他也认识到哲学智慧必须服务于政治生活；毕竟，哲学家必须生活在政治社会之中。柏拉图并不认为人是政治动物；人们结成政治团体是因为自然未能满足其所有需求。② 培根在服务于人类进步中试图超越自然，这仅仅是此种观点的延伸。如同明科夫主张的，为了保护个体思考，培根强调公共行动。③ 对随意的观察者隐瞒一定事实，柏拉图明白这种必要性，培根也掌握了此诀窍。培根决定以诗

---

① 韦利弗，第61页。
② 朱克特，第477页。
③ 明科夫，第39页。

意的形式创作《新大西岛》,证明在这点和亚特兰蒂斯的重要性上,他与柏拉图惺惺相惜。

怀特认为柏拉图的亚特兰蒂斯并没有被神的复仇所摧毁,柏拉图的雅典也没有为时间的流逝而破坏。二者堕落是因为缺乏培根的科学,这超越了神灵、自然和人类。① 这一观点基于这样的假设:宙斯实际上在愤怒中摧毁了亚特兰蒂斯;然而,柏拉图有意对读者隐瞒了宙斯给亚特兰蒂斯人的惩罚。柏拉图的亚特兰蒂斯很可能被古代雅典遭受的自然灾害摧毁。从另一方面来说,培根故事中伟大的亚特兰蒂斯已经接受了先进技术(虽然它不如本色列岛先进)。② 尽管有技术,培根伟大的亚特兰蒂斯还是毁灭了;事实上,他们的科技成果只是延长了民众的痛苦。③ 所罗门之宫的科技已经进步到科学家能够造就自然灾害的程度;由此可见,他们同样有能力阻止它们。④

然而,本色列岛没有免于政治堕落。柏拉图的亚特兰蒂斯人无视其神圣本性、追逐权力和财富,由此激怒了宙斯。他们并没有抬高自我去挑战众神,如同所罗门之宫的科学家所想那样。亚特兰蒂斯人的自负并没有认为他们与众神平等。此种自负想到的是人类事物比神圣事物更为重要,是他们不需要神圣事物去获得繁荣和快乐。对于理解培根的意图而言,这种自负相当重要。培根并未主张人类事物比神圣事物更为重要。[29]他认为人类事物就是神圣事物。尤其是,自然界的永恒法则、上帝旨意不仅对人类发现开放,事实上也对人类的操作和改进开放。当然,培根的有些追

---

① 怀特,第133页。
② 《新大西岛》,第260页。培根"伟大的亚特兰蒂斯"并不意味着柏拉图的亚特兰蒂斯。《新大西岛》将伟大的亚特兰蒂斯确定为美洲,将柏拉图的叙述描绘为"诗意和难以置信"。
③ 《新大西岛》,第260—261页。
④ 参见第五章的深入讨论。

求比别的追求更高,但包括哲学在内的所有身心努力都是人类的追求。在柏拉图对亚特兰蒂斯的描述中有证据支持这种观点。①《理想国》中的理想城邦总是会被那些试图美化自己或城邦的政治人物误解和败坏。哲学家总是处在助纣为虐的危险之中;但既在柏拉图也在培根对亚特兰蒂斯的描述中,人们可以找到了解这些危险、对其寻求反击的政治哲学。

---

① 当然,对柏拉图思想做出宣告时,一个人自始至终必须谨慎。柏拉图的对话经常相互矛盾,时常在一个单独的对话中为各方观点提供证据。柏拉图达至真理的方法零星分散;只能掌握他的部分智慧。

第三章 培根的计划:语境中的《新大西岛》

[33]为了正确理解新大西岛在培根思想中的作用,接下来有必要把《新大西岛》放置在他其余作品的语境中。如同我在第一章主张的,培根的大部分作品并非全然是科学或政治作品。它们常常二者兼备——《新大西岛》是培根计划两方面的关键。如同所有新理念一样,培根的计划拥有伟大和灾难的潜力。培根敏锐地意识到了这一现实,精明地对所有读者——但最细致的读者不在此列——掩盖了最危险的事物。掩饰和误导巧妙地贯穿在其作品中。[①]但他确实保证细心的读者会得到现代性陷阱的适当警告。

立足于马基雅维利之上,培根试图重构哲学、重新商榷哲学与政治社会的关系。马基雅维利和培根都不愿简单接受柏拉图《理想国》的构想,也不愿接受哲学家注定要在城邦之内却不属于城邦。柏拉图的哲学家在洞穴中并不安全,但他被迫回到了那里。培根追随马基雅维利,尝试复兴哲学,为勇敢的哲学家在

---

① 拉厄(1994),第44—45页。拉厄提出了一个令人信服的观点,即培根相信在任何时代,掩饰总是精明的。

政治社会中寻得一席之地。但培根超越了马基雅维利,他举起了科学这面大旗,拉拢基督教作为援助。他重新讨论了哲学和宗教的关系;培根的哲学家将不再惧怕神父,因为他会与神父结盟。马基雅维利必须战胜基督教的论点受到了驳斥,相反,培根视基督教的强制为普遍仁爱,这对于现代科学获得公众接受而言绝对必要。正如拉厄主张的,培根提出作为一个整体征服自然,不仅是征服政治命运。① [34]尽管马基雅维利否定基督教的价值,但其说法的确教导了培根,即"倘若用正确学说武装起来,手无寸铁的先知就可以成功"。② 虽然存在着这些差异,培根和马基雅维利还是颇多心灵相通之处。他们有相同的目标,但是方式各异。

培根彼时的英国正处于新时代的边缘。文艺复兴复兴了哲学、艺术和科学,但宗教改革带来了新宗教的可能性。英国自身经历过一段宗教迫害和政治动荡的时期,这些镌刻在公众脑海中的恐惧仍然令人记忆犹新。它不再依附天主教,但英国的教会保留了不少旧式宗教的痕迹,英国的基督教徒尚未和国家以外的权威联合起来。大英帝国正处于萌芽状态,英国开始全面拥抱制海权。这些宗教和经济的变化很快引领了英国思想家产生现代共和主义思想。③ 简言之,如同任何哲学家、政治家期待的那样,培根彼时的英国为急剧变化做好了充分准备。一种生命力伴随变化而至,假如引导得当,这种力量便可走向伟大。培根大力倡导启蒙运动的原则,即哲学的目标和政治社会的目标并不必然冲突。④ 倘若二者能和谐共存,人类获得成就的能力会

---

① 拉厄(1994),第51页。
② 肯宁顿,第13页。
③ 参见第六章的深入探讨。
④ 肯宁顿,第68页。

成倍增长。

在《学术的进展》中,培根评论道,"不过,我们应该知道,在人生舞台上,观看者的位置只留给上帝和天使"。① 法林顿(Farrington)进而指出,培根相信"人类未来的历史"将完成其《伟大的复兴》第六部分。② 假设《新大西岛》技术上的未竟通常被认为是培根《伟大的复兴》第六部分,那么,这一推论是可靠的,即人类的选择决定着故事结局。我相信在英国转变成为一个科学社会的过程中,培根希冀保留这种新兴的自由活力。这将允许科学家有最大的创造力和自由,确保科学家不去放纵任何专制倾向,这种倾向可能会为技术力量的累积所激发。虽然培根不是洛克或孟德斯鸠心目中的共和主义者,但他一定会欣赏开明公允与企业家精神的结合。③

《新大西岛》的结尾展现出本色列岛处于和欧洲碰撞的过程中。诸多评论者认为欧洲将会被本色列岛不仅在文化上、兴许还在军事上征服。本色列岛势如破竹的军事力量及其先进技术的吸引力,自然表明了这种结果的可能性。如果欧洲民众无法抵抗,为了所罗门之宫统治的奢华和安全而放弃自由,欧洲必将被征服。然而,我相信在培根作品中发现的证据表明了另一个可以选择的结局。布鲁门伯格[35]对培根"重复伊甸园"的尝试进行了广泛的写作。④ 他在《新大西岛》作为一个乌托邦故事的语境中使用这个术语,但其措辞同样较好支持了我的另一个主张。伊甸园是一个没有善恶知识的物质天堂。人类不能做出道德选择或掌控自己。正如我即将展现的,这一描述可以很容易应用于本色列岛。人们

---

① 《学术的进展》,第160页。
② 法林顿,第61页。
③ 拉厄(1994),第111页。
④ 布鲁门伯格,第106页。

只知晓所罗门之宫透露给他们的那些事物。他们完全任凭科学家摆布,一旦有违抗,就会被驱逐(杀死)。这个特殊的天堂以服从作为条件。

为了研究这种主张,《新大西岛》必然会被安置于培根的计划和现代性形成的语境中。本章开篇便讨论培根思想如何与马基雅维利思想关联,然后粗略考察培根的主要作品如何与整个计划适应。① 人们能够在其中找到《新大西岛》有关现代政治哲学形成的目的。

马基雅维利和培根

从表面上看,古代和现代政治哲学的分野是从理想主义到现实主义的转变。这个论点在两方面都有错误,或者更确切地说,并不完整。的确,马基雅维利在《君主论》中大胆陈述说:"[既然]我的目的是写一些东西,也就是对于那些通晓它的人是有用的东西,我觉得最好论述一下事物在实际上的真实情况,而不是论述事物的想象方面……一个人要是为了应该怎样办而将实际上是怎么回事置诸脑后,他就不仅不能保存自己,反而会导致自我毁灭。"②这被认为是马基雅维利著作中最重要的陈述之一。如同曼斯菲尔德在其引论中所指出,马基雅维利对想象中共和国的谴责带有一种否定,即宇宙的道德法则必须遵循甚至存在。宇宙正义没有到来,留给人们的是残酷的必要性。曼斯菲尔德推论,在马基雅维利的作品中,"存在的规则或法律是由政府或其

---

① 科尔克拉夫,第64页。科尔克拉夫令人信服地主张道,培根的作品不能看作一个整体。每部作品包含了一场庞大对话的一部分:在新与旧之间的讨论。培根的计划并未完成,因为完成它是未来科学之子的责任。

② 《君主论》,第61页。

他在必要性之下行事的权力所制定,出于同样的必要性,它们必须得到遵从"。① 培根也确实声称,"作为哲学家,他们只是为想象的国度制定出一些假想的法律,他们的论述就如天空中的星辰,只能给大地带来微弱的光亮,因为它们的位置太高了。"② 培根的评论并未否认或肯定哲学家们论述中的真理,但确实抨击了那些尝试为现实社会立法之人的有益性。

然而,必须(始终)怀疑培根的真诚。不错,星辰不会从世界中消除阴影。但它们也并非一无是处。星辰让水手的航行成为可能;他们让《新大西岛》的水手找到通往本色列岛的道路。③ 星辰[36]有助于科学分析,它们不受控制或操纵,但能服务于科学。而且,培根是位敏锐的大师,他反复陈述说,真理的夺目之光未必是最佳策略。他在"论真理"中写道,"'真理'这件东西可以说是一种无隐无饰的白昼之光,世间的那些歌剧、扮演、庆典在这种光之下显露的,远不如灯烛之光显露的庄严美丽。在世人眼中,真理的价值也许等于一颗在日光之下看起来最好的珍珠,但它绝够不上在各种光线下显得最美的钻石和红玉的价值"。④ 培根继续为真理的价值辩护,但其辩护不及诗意的一半,也没有使用自己的语言。⑤ 对于统治而言,阴影和光线一样重要。

古代政治哲学家的论述没有能够充当立法蓝图,但它们会为试图航行在现代政治哲学这一汪洋大海中的人们充当指南。培根从科学专著转而撰写虚构游记,马基雅维利的《李维史论》则经常高度借鉴历史文本中有倾向性的解读。在其学说中的罗马有时与

---

① 曼斯菲尔德(1998),第 14 页。
② 《学术的进展》,第 210 页。
③ 假定水手故意没有找到本色列岛。他们能够成功地从西班牙航行到秘鲁。《新大西岛》,第 255 页。
④ 《培根论说文集》,"论真理",第 61 页。
⑤ 培根改写罗马诗人卢克莱修(Lucretius)的《物性论》部分。

历史中的罗马截然不同。如同曼斯菲尔德所言,"[马基雅维利]赞赏古代美德是为了拔高它……这样的结果是,古代美德需要马基雅维利式的诠释,从而确保得到正确记述"。① 虽然他没有用语言发现想象的城邦,但马基雅维利的确重新诠释了有记载的罗马史以满足自己的哲学目的。培根和马基雅维利都鼓吹现实主义,又都诉诸于非现实社会。

马基雅维利有句名言,即政治哲学家必须远离想象的共和国,将注意力集中在人们在社会中的实际行为方式上,培根对这一主张表达了自己的感激与谢意。② 这是对古代哲学尤其是柏拉图的明显攻击。取代构建理论上最佳城邦的做法,马基雅维利打算教导君主们如何统治、共和国如何生存。如同施特劳斯指出的,

> 马基雅维利是这样的第一个哲学家,即他相信宣传可以带来政治权力和哲学的巧合,这种宣传为新模式和新秩序赢得大多数人的支持,如此就把一两个人的思想转变为公众的主张,如法炮制变成公共权力。马基雅维利与传统决裂,开始了启蒙运动。我们有必要考虑,启蒙运动是否实至名归,或者它的真名应该唤作混乱。③

把哲学转变为政治权力的工具,马基雅维利点燃了启蒙运动,为近代自由主义奠定了基础。哲学将与修辞结盟,塑造一种最适合哲学规则的社会形态。他将不再回避人类最坏的冲动,将其保密和支配的本能转变为政治统治的武器。如同拉厄指出的,培根

---

① 曼斯菲尔德(1996),第19页。
② 《君主论》,第61页;拉厄(1994),第31页。
③ 施特劳斯(1958),第173页。

与马基雅维利在下面这点上是一致的,即人们应该[37]朝向与动物分享而非与神分享的方向定位政治。①

然而,倘若仔细阅读过柏拉图的对话,显然在马基雅维利看来,没有什么堕落是柏拉图所不知道的。柏拉图的确倡导美德之可能,似乎相信人类通过教化和努力能够变得更有德行。但是,他不相信所有人都一样能够具备美德,对那些被证明对社会有破坏性的人采取必要措施,他也并未畏缩不前。而且,马基雅维利利用罗马历史的幻想版本来说明他的顽固学说。他经常迎合自己的目的去解释事件和动机。看来,不仅柏拉图没有全然理想主义化,马基雅维利也不完全拘泥于残酷的现实主义。

柏拉图同马基雅维利和培根一样清楚,在追求正义的过程中,必然性不可能被逾越。《理想国》追溯了正义如何驻足于城邦之中,然而即便在演说中,苏格拉底想象中的城邦也必须不断容纳必然性。尽管城邦努力缩小必然的范围,但是从未十足成功过。他最终推论道,除非"哲学家成为我们这些国家的国王,或者我们目前称之为国王和统治者的那些人物,能严肃认真追求智慧,使政治权力与聪明才智合而为一;那些得此失彼,不能兼有的庸庸碌碌之徒,必须排除出去。否则的话,我亲爱的格劳孔,国家甚至全人类都将祸害无穷,永无宁日"。② 与此同时,有人也许会争辩哲学家之治的正义,对那些只倾向于哲学或政治之人(可能是暴力的)驱逐不能归咎于任何事情,只能归因于必然性。只要想象的城邦是运用关于人性的正确学说所建构,完美的正义就不会成为可能。在这个意义上,古代和现代思想的差异不是内容上的,而是陈述上的。马基雅维利大胆表明必然性是社会之根基,柏拉图以坚持完

---

① 拉厄(1994),第47页。
② 《理想国》472d(译注:应为473d)

美正义的可能性来调和其主张。在对柏拉图的阅读中,会感觉正义不太可能但值得一试;马基雅维利的现实主义逼迫读者直面政治生活的丑陋。从另一方面而言,培根动摇在二者之间,但最终似乎选择了站在柏拉图这边。

马基雅维利不愿将形而上学和政治哲学混合,培根分享了这一态度,但相信现有的形而上学学说能够用于服务新科学。培根的主张绝不是直截了当的,但对虚构文学作品的运用令他能够展示而非说教。这点在培根对马基雅维利的处理中清晰可见。罗伯特·福克纳认为培根的诸多思想实则立足于一位"邪恶之师"的基础之上,① 但是培根终究超越了马基雅维利。在《培根论说文集》中,培根把马基雅维利介绍为一位神学专家。他写道:"意大利的宗师之一,尼科洛·马基雅维利,也居然有这种自信,几乎明明白白地写道,耶教把[38]善良之人做成鱼肉,贡献给那些专横无道的人。"② 福克纳认为这离开了培根的部分"几乎没有粉饰——它实际强调了——对基督教的控诉"。③ 培根在提到马基雅维利之后解释说,基督徒本身实在太好了。他认为这种"向善的倾向在人性中印得很深",④ 并且如果引导不当,就会产生马基雅维利所谴责的错误类型。培根没有贬低基督教徒的美德;他宁愿重新诠释它,以支持一个更为强大、利己的基督教。譬如在分配时,培根用基督教强调的谦逊解释道,"[上帝]不降财富,也不叫荣誉和德行在所有的人上面平等地照临。平常的福利应该使大众共有,但是特殊的福利则应有选择"。⑤ 同样的,在读者爱邻人之前,他们已被长

---

① 施特劳斯(1958),第9页。
② 《培根论说文集》,"论善与性善",第97页。
③ 福克纳,第62页。
④ 《培根论说文集》,"论善与性善",第96页。
⑤ 《培根论说文集》,"论善与性善",第97页。

久地教导爱自己。培根从未对基督教提出公开的批评,但是他所赞美的基督教只是略微与马基雅维利所谴责的那种基督教有关。

尽管培根的作品通篇公开称赞基督教,他的赞美总是拐弯抹角或者措辞含混不清。如同许多英国思想家一样,培根并不赞同一个(受天主教会领导的)自治而又超越国界的基督教,但暂时赞成将基督教塑造成为服务于政治国家的最大利益。这与马基雅维利的追求形成对照,后者寻求打破基督教对现代世界的束缚。如施特劳斯指出的那样,"马基雅维利比霍布斯更为迫切地需要一番细致讨论,来揭示其政治学说与圣经教义之间的和谐。然而不像霍布斯,他没能进行这样的探讨……他默默让肤浅的读者忘却了圣经的教导"。① 马基雅维利极大忽视了圣经传统,在维系着一种"似是而非"态度的同时,他明确了自己在这件事情上的立场。从另一方面而言,培根认为自己能够挽救基督教英国的利益,慢慢消除宗教的不良影响。他跟随马基雅维利的引领,并不直面基督教,可是他对基督教的态度较那个意大利宗师更为阴险。

正如培根在《新大西岛》中论证的那样,他无意摆脱基督教社会。可是,他的确有意毁弃并重塑基督教,以更好服务于新的科学社会。他将教导人们在尘世而非天堂中寻求救助。② 培根科学社会的幻想并非是毫无意义的理论建构,他完全打算把英国推向一个科学的未来。只有理解了他对宗教的通常态度,和对基督教的特殊态度,才会理解其在这方面的想法。如同柏拉图的雅典外邦人,培根意识到即便他要去寻找一个新的社会,也必须和人们一块行动,而这些人们已经为旧式社会的传统、信仰和制度所塑造。③

---

① 施特劳斯(1958),第 176 页。
② 拉厄(1994),第 49 页。
③ 《法律篇》,707e—709b。

虽然《新大西岛》[39]呈现了一个崭新、陌生的社会,但它是通过几个迷路、冒险的欧洲人之眼来实现的。如果水手们被前者的优越性说服,那么本色列岛的法律和文化一定不会在根本上和欧洲的冲突,可是作为水手和探险家的人们大概有责任寻求未知事物。福克纳认为,尽管马基雅维利极其尊重习俗的力量,不像培根"马基雅维利错在信仰的力量,因此是习俗的力量,这是他误解希望力量的一个后果……问题是如何建立适宜的习俗,培根的解决办法是社会。这是马基雅维利没有解决的问题"。① 培根承认,在宗教中展现出来的同样信仰可以转化到科学上。经过缓慢、耐心改变社会习俗,培根就可以为其计划增援支持之力。纵然根基已全然为科学的进步所取代,旧式社会的外壳还是必须保留。

为了清晰看到培根在何处超越了马基雅维利,必须审视的不仅是人们对宗教的安置,还需要更具体地审视基督教如何与帝国相关联。马基雅维利认识到,渴望获取是人性中难以征服的驱动力。因此,帝国的驱动力对政治社会的运转而言是必要的。但事实上,帝国的实现通常只会助长腐败;没有一个人可以取胜,派系之间为了野心相互倾轧。帝国问题牵涉到的既有马基雅维利又有培根。培根距离解决这个问题走得更近。如同温伯格指出的,"培根认为马基雅维利无法征服基督教帝国,因为他相信马基雅维利低估了基督教信仰和基督教平等主义的力量……基督教帝国问题的解决之道也许不在马基雅维利所期待的政治方面,它可能更依赖于对新知识更普遍的承诺"。②

培根的帝国野心也超越了马基雅维利。肯宁顿指出,马基雅维利告诉人们,命运对人们展示出最大的危险。君主必须奋力征

---

① 福克纳,第 71 页。
② 温伯格(1985),第 128 页。

服从命运,尽可能多地掌控事件进程。马基雅维利的命运概念包括了自然的随机行为和人类的策划行为,但只有人类的行为能够预见和操作。培根相信自然比人类更为危险,寻求消除自然的偶然性。他的计划远较马基雅维利的广泛,更具雄心。① 马基雅维利对现代科学的看法与培根不同。可尚不清楚的是,培根是否真正鼓吹过人类对自然的完全支配,抑或他是否仅相信事件进程无法避免、并试图给帝国科学以哲学指导。

[40]如我们所见,马基雅维利和培根对基督教和习俗的不同态度表明他们公开的政治建议之间存在着鸿沟。怀特认为:

> 马基雅维利与培根在当前结果中的差异明显。无论是在新政权的创建过程中还是在已经成立的共和国里,马基雅维利谈论锐意革新。在谈论君主政治中,培根选择渐进改革……学术的进展是培根最大的关切,它要在一种平和的社会氛围中才能实现。②

马基雅维利教导说,建立政体必然需要暴君,但立法者要尽快走向共和主义才是明智之举。而且,它应该是个尊重普通民众权力的共和国。他写道,"所以那些谨慎制定法律的人……选择大家可以共享并认为它是更加坚固、更加稳定的那个;为了一个而捍卫另外一个,那是因为在同一城邦中,有公国、贵族和受欢迎的政府"。③ 君主必须始终准备好介入极端情况,但一旦最初的立法为人接受,混合政体最适合治理繁荣的城邦。

---

① 肯宁顿,第13页。
② 怀特,第37页。
③ 《李维史论》,第13页。

从另一方面而言,培根表现出自己是个开明君主政体的大力倡导者。不过,由于赞赏明智的顾问和自由经济的活力,他的君主政体是温和的。现代历史展现出来,培根所预想的科学进步类型要求一种创业经济,这种类型的经济通常伴随着政治自由。①尽管这一联系日后得到了孟德斯鸠的明确阐述,但培根并不赞同共和政府。像柏拉图一样,培根教导说,在一个高度结构化的阶级社会中,美德能够得到最好发展;在那里,哲学家充当了君主的教导者和进谏者。科学本身是不民主的。只有那些具备相应智力、训练有素的人才有希望掌握其规则,得到真正有意义的发现。纵使许多人从科学家推动的科技中受益,这些科学的受惠者并未被要求理解技术背后的工作。实际上通常更好的情况是,公众保持对科学研究的全然不知,直到它能对外行产生实实在在的好处。通过确保英国君主政治的延续,培根不仅保留了颇具价值的社会结构,还减少了那些必须劝说才能接受新兴科学价值之人的数量。

此外,培根对于扩张英帝国有着强烈的兴趣。② 一个技术先进的海上帝国大有可能会形成于国际贸易之中。这点揭示了经济自由对于培根计划的必要性。《新大西岛》展示的社会意欲扩大其影响力,但其公民对与外来社会的接触却完全措手不及。[41]英国没有遭遇这种问题。培根依靠宗教的统一力量,把基督教对普遍慈善的渴望和对永久和平的承诺塑造为可以实现的科学目标。正如福克纳指出的,培根理解基督教乌托邦思想的力量比马基雅维利更为敏锐,并用自己的方式将其加以宣扬。他写道:"像马基雅维利一样,[培根]追溯[基督教的]成功直至基督满意的承诺,一

---

① 福克纳,第50、176页。
② 福克纳,第120页。

个不朽的承诺。与马基雅维利不同之处在于,培根能够提供一种让未来满意的类似愿景。"①尽管基督教承诺来世的安全、免于匮乏的自由,培根的科学则在现世生活中承诺它们。他把基督教的重心转变为追求人世间的满足。非但没有谴责基督教让欧洲人实力受损,培根反而意欲学习基督教的方法以巩固其影响力。

保留旧传统的脚手架意味着人们必须仔细观察一个社会的真相。培根运用《新大西岛》的诗意形式作为另一种方式展现了不可言传的东西。在《学术的进展》中,培根有句名言,"至于统治方面的知识,它是一种隐秘不露的知识,这是因为有两类事物需要保守秘密。一类事物人们不容易了解,另一类事物不便让人了解"。②可是在这两方面,治理的性质和工具只对那些没有正确研究的人保密。只有愿意并且能够献身细致、广泛研究的人才有可能发现那些难以知晓的秘密。对于不适于言说的秘密,这种研究是必要的,并且附加着警告,即一旦有人得知了这些秘密,就不能够讨论它们,也许除非是在私下里和同等的人之间进行。

那么问题就出来了,如何识别另一个人已然知道了治理的秘密?毕竟,如果没有同行之间的讨论,进步会受到阻碍。辩证观点和科学实验都建立在已经出现的基础之上。毫无疑问,柏拉图对话是书面辩证法中最有价值的哲学实例,显示了公开讨论的危险和益处。在听众面前,苏格拉底总是表现出对于对话者的无知。他表明修辞可以变成诡辩,同时,有些真相会如何得危险。毕竟,苏格拉底之拒绝放弃公开讨论带给他受到抓捕和执行死刑的命运。柏拉图巧妙运用苏格拉底的角色突出了公共话语和私人话语的区别。诸如两个哲学同行之间的私人讨论应该是这样,即没有

---

① 福克纳,第65页。
② 《学术的进展》,第208—209页。

什么主题受到禁止，没有什么观念不可谈论。另一方面，公共话语则必须进行编辑以隐瞒一定事实，避免扰乱一个有效社会的正常运转。哲学家塑造社会的愿望随之面临着一个极其[42]微妙的任务。培根之转向小说为他参与到公共话语中提供了一种方法，同时又让他的学说模糊到足够程度，来避免对其革命性质的公开指责。

培根的计划

马基雅维利无疑是个在写作中调和微妙与勇敢的大师。人们研究培根作品时发现，他显然比得上这位意大利宗师的技艺。培根从未全面完整地提出其计划；《伟大的复兴》是未来事物的轮廓。培根每一部主要作品都提供了会话的一个部分。培根计划的真相只能通过分析其每部作品中反复出现的主题而获得。在这个部分，我将简要探讨在培根除了《新大西岛》之外的主要作品中，对宗教、科学、技术和现代性问题的处理。从培根最具政治色彩的作品到最具科学色彩的作品，本部分展示了培根对修辞的把握，因为他运用了最适合每个目标受众的论据。《新大西岛》是培根最后的作品，由秘书在其辞世后出版。他在完成其他主要作品的同时或间歇，常常在几年后戏剧性地出版扩展版或进行增补。可有件事却很清楚：这些作品意味着形成一个整体的开始。

培根首先在 1597 年出版了《培根论说文集》，却失宠于伊丽莎白女王。在 1612 年担任副检察长时期和很快过世前的 1625 年，他出版了修订版和扩展版。《培根论说文集》是培根最不具科学色彩的作品。它们取材政治生活，以之作为主题，甚少提及现代科学计划。要为大众广为接受，一门科学必须诉诸于共同的愿望，那么对于领会这些愿望而言，政治智慧就必不可少。《培根论说文集》

为政治,确切说是为文明的革命提供了指南。① 在《新大西岛》中,人们看到信仰基督教的欧洲人在进步的土地上转向了新信仰。培根用指向公众激情的图像来劝说,他的科学并不反对共同的宗教,反之,宗教也不反对经济繁荣。②

《学术的进展》描述了培根那个时代的学术状态,可以瞥见培根将如何改变未来学术的范围和重点。在被任命为王室顾问后不久,他于1605年出版了《学术的进展》。培根第一次发现自己身处真正的政治权力之位。他不是把自己囿于科学知识之中,而是列入了诸如修辞学、政治学之类的科目。培根的专著比较系统,但本身就是一种修辞的努力。当然,培根从未假设"价值中立"科学的存在;所有科学作品都服务于修辞目标。在后来的岁月中,施特劳斯会批判使哲学从属于实践的启蒙运动,因此便模糊了[43]笼罩在进步面纱下不可知性的永恒问题。③ 同时,施特劳斯肯定了柏拉图的断言,即政治作为哲学探寻的起点;毕竟,思想激进的哲学家在维系一个温和、宽容的政治社会中有着既得利益。④ 因此,培根的科学计划必须由政治计划所构成。在一个还没有在政治和文化方面做好准备接受他们的社会中,培根的科学家-哲学家们无法

---

① 福克纳,第28页。
② 福克纳,第50页。福克纳认为培根对共和主义的同情透露在对亨利七世的描写中,他把亨利七世描绘为实行共和政体统治的国王(福克纳,第176页)。在《亨利七世统治时期的历史》中,培根诉诸英国最近的历史,作为未来之蓝本。亨利七世通过军事胜利赢得了王权,但在维护英国和平与统一方面却避开了征服者的头衔(《亨利七世统治时期的历史》,第315页)。培根称亨利七世为"英国的所罗门",表明他的睿智,以及如同所罗门一般,"对民众榨取过多(《亨利七世统治时期的历史》,第381页)。"尽管福克纳断言,培根对亨利七世的写照是个实行共和政体的君主,不过显然,培根优先考虑的似乎是经济自由而非政治自由。尚不清楚的是,培根是否考虑过一个因素出现会必然导致另一个因素的出现。
③ 维克利,第11页。
④ 维克利,第9页。

期待践行他们的技艺。

《古人的智慧》(最初于1609年出版)是一本古代神话的集子，培根诠释了这些神话。培根选择的标题也许具有讽刺意味。斯蒂德认为培根在暗示要么古人不去提升科技是明智之举，要么就是古人根本没有智慧。① 这些神话中有几个尤其与这一研究关联。培根意识到了科学潜在的问题，并且认为通过摒弃人类平等的理念和对人类适当排序，这些问题都能够得到解决。斯蒂德认为苏格拉底的问题"什么是人最好的生活？"在培根那里得到了调和，用的是另一个问题"什么是人能做的？"② 正如她所指出的，人是唯一能够以有意义的方式去战胜自然的动物。如果放弃终极目的的理念，人类的潜在路径会成倍增加。

《新工具》(*The Novum Organum*)是培根最具科学色彩的作品；他或许视之为最重要的作品。《新工具》意欲成为培根《伟大的复兴》第一部分，后者只保留了计划梗概。《伟大的复兴》计划作为一种手段，组织所有的科学思想，用现代科学取代古代科学。培根最初在1620年出版了拉丁文的《新工具》，那是在他担任大法官期间。处在政治权力的鼎盛阶段，培根引入实验科学的概念以取代亚里士多德的科学，这被视为一个严肃尝试。卡顿认为，培根不是个伟大的实验科学家，但却被视为现代科学的奠基者，因为他能够理解科学能是什么，以及它如何塑造社会的那幅广阔图景。③ 如同亚里士多德的科学一样，培根的科学包含了物理科学和政治科学。培根解释二者的如影相随是因为，"也许会有很多类型的政治国度，可是科学却只有一个国度，这是个多数

---

① 斯蒂德(1998)，第234页。
② 斯蒂德(2003)，第211页。
③ 卡顿，第32页。

人喜爱的国度并将始终如此……这无疑是每个时代最伟大的天才们遭受暴力的原因"。① 科学是一项完全不民主的事业,会永远感谢公众的支持和资源。科学研究中的舆论是重要的,因此,科学家研究公众便至关重要。

掩　饰

[44]培根谨慎写作的原因久已得到证实。批评已然建立制度的人们面临着极为现实、受到迫害的可能;培根非常清楚其计划的成功依赖于政治权力的保持。故此,我以讨论掩饰为头,开始介绍培根的计划。培根一向赞赏那些知道何时使用掩饰的人。② 实际上,他认为这是明智政治家的标志。

培根的研究者必须首先考虑何种政治或哲学的观点需要隐藏。培根是海上权力和贸易的狂热支持者,相信贸易会成为技术进步的关键。历史显示,英国对海军力量的欣然接受产生了共和政体和经济自由。福克纳坚持认为,自由对培根而言极其重要;毕竟,培根向往的经济和进步类型需要一定程度的自由。为了看清培根远大的政治意图,有必要考虑《培根论说文集》中呈现出来的政治生活图景。记住培根的断言,即科学永远是件公共事务,他把真理比作珍珠,够不上在烛光下闪烁的钻石之价值,这一观点非常有趣。③ 为了娱乐和释放受到禁止的冲动,假面舞会、哑剧表演和世界典范都是人们培养出来掩盖事物真相的尝试。在面具背后,文明的人类能够在受到控制的环境中净化他们发狂的冲动。④ 同

---

① 《新工具》,第 8 页。
② 拉厄(1994),第 44—46 页。
③ 《培根论说文集》,"论真理",第 61 页。
④ 古希腊剧作家尤其充分地强调这种必要性。

样，诗歌（想象的产物）最适合让政治生活的严酷现实成为社会美味。《新大西岛》展现了一个为科学所改变、未受共和政体自由节制的社会。钻石比珍珠更有价、更耐用。真理确有价值，但在为狡猾和无知之人所困扰的世界里，它未必能够持久。

这一讨论在《培根论说文集》"论作伪与掩饰"篇中再次掀起。乍一看，培根谴责掩饰"不过是策略或智谋中较弱的一种"。① 然而他确实承认它是种智慧。大量的掩饰被揭示为平庸政治家的聪明之举。普遍保密较普遍公开是种更好操作的办法。从另一方面来看，对于那些人而言，即"有那种明察的能力，能够看得出某事应当公开，某事应当隐秘，某事应当在半明半暗之中微露，并且看得出这事的或隐或显应当是对何人，在何时"，掩饰的策略贬低了他们。② 掩饰是明智政治家的工具，而非普遍的策略。

培根指出，所有富有想象力的信仰掩盖了事物的真实面貌。想象力尤其容易受到不同解释的影响，允许隐藏不合口味的真相。滥用修辞[45]会让修辞的微妙之处难以传达出来。它不允许那些拥有理性的人找到路标。与理性分道扬镳的想象力不仅对科学进步毫无益处；而且对政治生活来说也很危险。如同之前指出的那样，《学术的进展》包含了培根最著名的至理名言："至于统治方面的知识，它是一种隐秘不露的知识，这是因为有两类事物需要保守秘密。一类事物人们不容易了解，另一类事物不便让人了解。"③ 培根把公民统治和神对世界的统治，以及灵魂对身体的统治进行了比较。统治者都见不到，却毋庸置疑比被统治者更为强大。统治者也依赖于被统治者的服从，这种服从通过诉诸于理性、情感、

---

① 《培根论说文集》，"论作伪与掩饰"，第76页。
② 《培根论说文集》，"论作伪与掩饰"，第76页。
③ 《学术的进展》，第208—209页。

物质力量而获得。政府必然使用华丽的辞藻把公众的想象力引到理性方向,必然尽可能隐藏其意图。倘若运用它们的人也是修辞学大师的话,那么想象力的领域(修辞和诗歌)就能够成为理性的工具——这一教诲培根向柏拉图学习得不错。

柏 拉 图

尽管学者们在定性上有分歧,但培根与柏拉图的哲学关系至关重要。培根显然有意同中世纪时期诠释柏拉图和亚里士多德的那些人决裂。他强烈反对经院哲学家。然而,这种反对并未扩展到柏拉图自身。如同第二章中的讨论,运用习自柏拉图的方法,培根完成了与古人的决裂。朗佩特指出,培根通过阐述柏拉图的观点而蔑视他。[①] 培根在作品中从始至终对柏拉图表示同情,但往往通过谴责那些误解后者的人而这样做。

"论变易兴亡"以联系柏拉图思想和所罗门思想为开篇。柏拉图据说有"想象力",所罗门则做判决和演说。[②] 培根断言洪水和地震之后幸存的只有山居之民,他们没能保存准确的历史记录。这是在《蒂迈欧-克里提阿》中埃及祭司给出的同样观点。培根提及亚特兰蒂斯的传说,但并未将其观点和柏拉图思想联系起来,而是把梭伦的故事看作具有历史性质的记载。培根把《蒂迈欧》形而上学的框架应用到政治生活中,明确了哪些是柏拉图暗示过的。在一个容易受到自然灾害影响的社会中,哲学的作用永远微弱。知识的保存和进步取决于人们的安全感和延续性。

[①] 朗佩特,第 42 页。
[②] 《培根论说文集》,"论变易兴亡",第 228 页。

维克利认为现代人试图运用政治让哲学获得永久的安全,这一主张对理解培根在《培根论说文集》中的意图而言必不可少。①维克利立足于施特劳斯的观点之上,即个人的政治[46]解放基于人类的哲学解放,这种哲学解放摆脱了自然目的论和所有以某些超人标准衡量人类的思维方式。②施特劳斯在《自然权利和历史》中认为古人和今人争论关注的是个体状态,这种关注最终、兴许甚至自始便是如此。③他把古代哲学家描绘为从观点中寻求个人自由,把现代哲学家描绘为致力于运用理性主义改变每个人的观点。④这与施特劳斯的观点冲突,即现代人的方法既是诗意的,又是苏格拉底式的。也许这就是为何培根的《培根论说文集》是其政治计划中的官方手册,《新大西岛》则有意通过形式、长度和风格而被缩减。

为了创造新事物,必须要么根除要么超越先前的记忆。传统是革新者的劲敌。尽管施特劳斯最终站在了古人一边,维克利仍然相信他会把现代哲学作为古典哲学的严肃替代品。他认为现代哲学的意图和前提已经如同古典哲学的情况一般,为传统和教条所遮蔽。⑤反过来,维克利也认为施特劳斯有意识"夸大了哲学在现代转向中的内在衰落"。⑥施特劳斯了解现代性是种有瑕疵的尝试,即把哲学从启示的掩盖下拯救出来,这是种苏格拉底必定会高度评价的尝试。让哲学目的具有可操作性并且有益于城邦,今人为哲学自由开辟了一方天地。

布鲁门伯格认为,早期的现代人制造了一种苏格拉底式的

---

① 维克利,第 135 页。
② 维克利,第 136 页。
③ 施特劳斯(1953),第 323 页。
④ 维克利,第 44 页。
⑤ 维克利,第 18 页。
⑥ 维克利,第 13 页。

回归。① 培根和同时代的知识分子批评中世纪学者,因为后者认为人类和自然的知识已经如同它们能够或者可能达至的那般完整了。早期现代人,尤其是培根,拒绝这种思想,即上帝的事物必须保持神秘,只能通过天启得以透露,并为对于真理的无知进行辩护。布鲁门伯格指出,"在他们对无知的承认中,培根等人回归了苏格拉底式的思维方式,即便他们是通过实验而非辩证法来追求知识"。② 布里格斯指出,培根更喜欢被看作赞赏和拔高古人的人,而不是激进的改革者。③

这种修辞策略不仅外在调和了培根的计划,而且也表明他对古人的谴责并非完全发自内心。培根当然反对中世纪诠释者解释古人的工作,那些寻求古代知识的人一定会直接转向古代文本。维克利指出,古人没有必要为了写就新事物而废除之前的传统。④ 如果一个人能够用新的眼光来看待柏拉图和亚里士多德,那么他也许会发现为传统解释长久掩埋的智慧。通过认可那种可能给社会带来实际利益的高尚谎言,[47]⑤以及在其最后的作品中援引亚特兰蒂斯,培根表明了这一意图——他没有纠正柏拉图,而是试图表现出对一位思想家的同情,后者的意图已经被后人严重破坏了。

培根在《学术的进展》接近尾声处包含了一段话,主题和语言都类似柏拉图《蒂迈欧》中的一个段落。培根声称,法律作为治理的公共部分是有缺陷的,因为迄今为止它都是由哲学家、律师而非政治家在制定。⑥ 哲学家为想象中的国度设计假想中的法律,而律师只制定能够为自己国家所接受的法律。一个过于傲

---

① 布鲁门伯格,第44页。
② 布鲁门伯格,第44页。
③ 布里格斯(1989),第213页。
④ 维克利,第13页。
⑤ 《学术的进展》,第31页。
⑥ 《学术的进展》,第210页。

慢,另一个太过褊狭。培根认为对立法者价值的真正考验在于其能够制定此种法律——不仅公正,而且长久和有效。苏格拉底在《蒂迈欧》开篇介绍了类似观点。他认为智者和诗人并不能够准确刻画出城邦对战争反应的方式。一个具有哲学家、政治家和历史学家品性的人有必要去实现这一目标。① 培根本可能是这样的人。

从柏拉图到亚里士多德,培根认识到,科技的野心是创造出一个居住着完美人类的完美社会,这种野心是教条主义的根本来源。② 温伯格指出,古典思想家把社会理解为"一种生产艺术的秩序,永远生产不切实际或者幼稚而又导致暴政的乌托邦主义。社会依赖于对完美自由、正义和一种危险错觉的艺术追求……通过比较,现代科学工程的创建者更像是教条的强硬支持者——或者至少更像带着斧头砍伐的实际创建者——而不是爱提问、反讽的政治哲学家"。③ 探究完美却不可能的开端是危险的,在这点上培根与柏拉图一致。他接受了基督教的架构,而不是提供人类起源的另一种解释。培根探究人性,但他关注的是人类如何超越自然,而非如何与自然和谐相处。培根理解必要和良好之间的区别,必要性禁止任何形式的完美正义,无论是理想主义的还是现实主义的。温伯格认为必要性间或会推动任何可能的正义,新的科学将确保某种正义之可能。④ 培根了解古代空想家和那些不可能完美的目标。缺乏修辞技巧的智慧对那些投身公共生活的人毫无益处。华莱士认为,自然科学的研究需要人们舍弃之前的思维方式,包括先前运用语言的方式。想

---

① 我在第二章充分探讨过这个段落。
② 温伯格(1985),第 21 页。
③ 温伯格(1985),第 23 页。
④ 温伯格(1985),第 225 页。

第三章 培根的计划:语境中的《新大西岛》

象力在科学发现中没有位置,但它在科学家必须与公众互动之时极其重要。①

在《新工具》中,培根解释了对古代思想家所进行的攻击,尽管他没有把这一观点和修辞策略联系起来。他叹息学术的现状;即便是那些[48]致力于学术之人也过于害怕创新,以至于不能对科学进步做出显著贡献。他表示,"因为你很难在欣赏一位作者的同时又超越他"。② 只要哲学和科学都深陷中世纪的传统之中,进步便会受到阻碍。如果培根要超越传统,他一定会攻击其基础。然而他也注意在几个地方保留了古人的智慧。培根认为人类经验能力和理性能力"不愉快的分离"导致了人类所有的烦恼。③ 此种划分在传统上归因于柏拉图,这使得有必要对柏拉图的方法进行攻击(即便其解读者夸大了柏拉图对此划分所需要承担的责任)。

如同前面指出的,培根反复尝试瓦解理论知识和实践知识之间的这种区分。他写道,"人的知识和人的力量没有什么不同"。④ 如果人类拥有艺术或者科学知识,这种知识会以某种方式得到运用。即便全然理论化的知识也会涉及实际的运用。现代科学的历史证明了这一观点的正确性,至少是就自然科学而言。《新工具》包含了培根最为全面的观点,赞成以归纳法取代辩证法。他暗示其哲学不能与诡辩哲学并存,我认为他指的是辩证法。但是,并不清楚如果这两种方法不能并存,是因为它们在根本上的差异(也就是说,一个从根本上而言正确,而另一个有缺陷),还是因为人的头脑不能容忍两种相互对抗的哲学学说。

---

① 华莱士,第161—163页。
② 《新工具》,第9页。
③ 《新工具》,第12页。
④ 《新工具》,第33页。

辩证法在苏格拉底的对话中最为出名,依靠使用合理的论证得出来自逻辑的结论。只要讨论发生在两个完全平等的主体之间,辩证法就形成了哲学会话的基础。然而,苏格拉底反复证明,倘若两个主体拥有不同的智力、智慧、技巧和动机,辩证法就会成为被操纵的工具。归纳法是现代科学方法的基础,它运用具体的经验或实验达至一般性的结论。培根认为人类智力自然地倾向于辩证法,因为它能轻易达至一般结论;另一方面,归纳法需要在每个层面细致、缓慢地进行探究。① 而且,培根的科学允许在不了解第一原理的情况下获得真正的知识。② 从经验观察到自然规则,每个理解层面都承载着真知灼见。尽管人们也许只会带有困难地熟练归纳,但是通过归纳性实验得出的结论会更为确定。

诗　　歌

[49]对培根的研究必然会考虑这位科学之子在其计划的最终转向了小说。当科学被迫生存于政治社会之时,它需要诗歌。他关于想象和理性之间关系的思想为了解培根以诗意方式写就《新大西岛》的决定提供了深刻认识。纵然他在科学的语境之中批评想象力,然而在驾驭政治生活时想象力却必不可少。他写道,"我们还看到,在信仰和宗教方面我们把想象抬高到超过理性的程度……在一切由雄辩和其他类似自然的印象所产生的劝说中,它们确实描绘和掩饰了事物的真实面貌,对理性的主要建议来自想象力"。③ 这句话中还有许多可以品味的东西。培根从未提供过

---

① 《新工具》,第36页。
② 肯宁顿,第23—24页。
③ 《学术的进展》,第125页。

这些棘手术语的具体定义,但牛津英语词典将想象力界定为"在头脑中形成想法和图像的能力"。理性被界定为"思考、理解和做出逻辑推论的力量"。在信仰和宗教的问题上,理性只能有用至此。天启并不从属于逻辑。如果培根或者任何一个哲学家要去影响宗教,那么他必须凭借想象力才能这样做。他必须为想象力找寻道路,以便带领观众达到同一个结论,这个结论是由理性所产生的。通过描绘出科学社会的幻象,他就可以这样做了。修辞,这门"关于口才的艺术,关于卓越的学科"形成了想象和理性之间的联系。培根写道,"为了更好地推动意志,修辞的义务和职责在于把理性运用于想象之中"。① 修辞必定既是艺术又是科学。亚里士多德科学地剖析它,柏拉图则将其用出了最大的哲学效果。

在《什么是政治哲学?》(What Is Political Philosophy?)中,施特劳斯指出,早期现代人在引入现代个体观念之时转向了诗歌,进一步表明古典诗歌是自由主义的根源。② 维克利在此基础之上延伸了自己的观点,即"政治的局限为每个人感知。哲学、天启和自由主义都提供了贯穿政治的某些东西,这些东西赋予了政治社会以意义。哲学被现代人政治化了,这种哲学兴许是对这一缺陷的响应,而不是对政治的赞颂"。③ 维克利注意到,对于那些寻求人性之解释的人而言,施特劳斯悄然指出诗歌是替代哲学的切实可行的选择。通过专注于哲学和天启之间的争辩,施特劳斯有意掩盖了更大的问题,即捍卫哲学、防备诗歌。希腊诗歌主张私人家庭生活的乐趣最为自然;正义和高贵的城邦只能带给哲学家愉悦。④ 诗歌和天启之间的争辩又怎样呢?二者都没有把理性当作

---

① 《学术的进展》,第149页。
② 施特劳斯(1988),第50页。
③ 维克利,第147页。
④ 维克利,第152页。

根基,诗人(尤其是古典诗人)很快宣称了他们作品的神圣灵感。然而,诗歌是种内在的人类事业;它的真理就是人类的真理。培根在《学术的进展》中谴责了想象力[50]——它在新科学中没有立足之地。可是,政治哲学家和政治家必须拥有科学家没有的才能。当植根于可靠的理性、为谨慎的哲学家使用之时,诗歌就能成为科学得力的助手。

正如对于一个未受过教育的观察者而言,科学和魔法在最高层面上无法分辨一样,哲学和诗歌之间的界限似乎在最高层次的思想中变得表面上模糊不清了。施特劳斯认为在诗歌和哲学中,主要问题和处理方法在根本上是同一的,双方都把法律禁止的东西暴露出来。现代哲学的首要问题在于,它忘记了人类在法律与爱欲、城邦和人类之间的二元性。① 但是施特劳斯也表明,现代哲学在处理个性和诗歌时,与人类二元性这一古老主题相呼应。通过恢复哲学和诗歌的原始争辩,施特劳斯重现了这种二元性。维克利推论出,诗歌的缺陷在于它只呈现了低级的生活方式,而没有把哲学生活当作最好的生活。② 实际上,如果这是哲学对诗歌至高无上主张的最佳防御,也许应该效仿施特劳斯的回避策略。

罗西指出,培根《学术的进展》就足以视诗歌和哲学为共谋者而非竞争者。培根主张,寓言包含了那些哲学不能表达的想法,而不是设计出寓言来指导那些已经完全产生结果的想法。③ 他坚称哲学家不应把艺术从自然中分离开,艺术不过是把人应用于自然之中。人只能通过结合或操纵自然的躯干来影响自然。④ 培根的方法是引导人们穿越自然界的线索。

---

① 维克利,第23页。
② 维克利,第154页。
③ 罗西(1976),第85页。
④ 罗西(1976),第26页。

控制自然的努力既是科学的,也是修辞的。在培根对修辞和理性的评价中,可以看到对霍布斯《利维坦》的预示。尽管人们相信"他们的理性控制了语言",但相反的观点往往是正确的。[①] 这即是为何哲学辩论经常以关于事物定义和名称的争论而告终。培根建议以定义和名称为始,然后从共同的理解继续行进。霍布斯在《利维坦》中这样做了,成效显著。他通过为共同的哲学和政治术语创建定义而开始。如此之后,他不仅令其观点清晰,而且掌握了从那时起如何继续使用这些词汇。[②] 修辞让人能够掌控术语的定义和概念的性质。如果你再次界定的概念是宗教性质的话,这点尤其重要。

宗　教

对革新者而言,政治生活中没有哪个领域比宗教更加充满了危险。培根寻求保留基督教的外壳而[51]完全重新塑造其学说,于是他获得了前进。"论无神论"似乎在谴责无神论者,但实则保护哲学家免受无神论的指责,并为培根彻底改变既定宗教开辟了道路。在现代世界中,宗教向哲学显示出最为巨大的危险。培根指派基督教作为科学进步的助手,使得世界对哲学家而言变得安全。他善于实践修辞艺术,一如他善于描述如何运用修辞。他的论证包含了每一种宗教,基本上瓦解了任何宗教对终极真理的主张。无神论者被谴责为不通情理的自欺欺人者,自然之美被奉为上帝工作的明证。

现代最为紧迫的问题,技术,以培根征服自然的科学计划为开

---

① 《新工具》,第48页。
② 这点会在第六章充分展开讨论。

端。科学承诺了无限自由和自力更生,但却导致了唯物主义和决定论。① 倘若所有目的都是人类,那么神圣之物不过就是一种方法。如果能够让宗教准确反映出这一想法,即所有事物,包括道德德性,都是世俗之激情和需要的产物,那么才能发现一种伴随着欲望释放和物质满足的完美正义。② 温伯格认定匮乏造成不公正的这种信念是现代政治思想的基本错觉。培根当然相信贫困问题是科学侵袭政治权力最易得手之处。减轻上帝孩子们的痛苦形成了培根诉求的基础。可是,人们不能怀疑,培根还有更加雄心勃勃的科学计划。

将科学作为不同寻常的基督教事业,培根从未偏离这一策略。譬如,培根主张"马丁·路德(无疑)受到天启,不过在理性的话语中……由于没有得到他那个时代群体信仰的支持,他被迫唤醒了所有传统……用于跟当代势力对抗"。③ 马丁·路德被视为宗教改革的英雄,把自由(及其宗教动乱)从罗马带到了英国,他意识到了当今思想的缺陷,并为现代问题寻求古代智慧。路德颠覆了传统权威,把圣经文本和个人理性联系起来。培根似乎试图以路德为先例。培根的新科学计划并不激进;它是路德宗教计划的延续。

《古人的智慧》通过把观点指向古代宗教,使得培根能够安全地解决现代宗教问题。这些问题中首当其冲的便是人类创造之本质:天意抑或巧合?假使人类是宇宙的中心,那么万物都是为人所用。从另一方面而言,天意的创造赋予人类明智利用自然的责任。如果人类是偶然创造的,那么除了自我保护之外就没有道德法则了。④ 斯蒂德认为对培根而言,天意也许并没有宗教性质。天意

---

① 温伯格(1985),第18页。
② 温伯格(1985),第24页。
③ 《学术的进展》,第25页。
④ 斯蒂德(2003),第218页。

也许反而是人类的能力,这种能力模仿上帝的力量去操纵自然法则以达到改变[52]人性的程度。培根警告说,要把古人的智慧运用到现今时代中来,以免他"把凡火烧到上帝的祭坛之前"。可是那恰巧即他所为。古人的智慧对于培根的计划而言必不可少,尽管其计划维护了基督徒的脸面。

技 术

《古人的智慧》也让培根能够自由表达出对于自己计划的疑虑,而不直接危害其成功的机会。① "代达罗斯,或者机械"讲述的是一个在建筑方面具有伟大创造力和工作技艺的人。代达罗斯运用技艺造成了损害,包括发明了怪物米诺陶诺斯(Minotaur)。② 培根指出"关注机械技艺的运用……人类生活多受惠于它们,看到许多东西有益于宗教的装饰、公民纪律的优雅,并且所有人类的美化都可从这一宝库中提取;可是尽管如此,从同一个仓库也产生有助于欲望和死亡的工具"。③ 培根继续主张道,所有的机械技艺都能用于美好或者邪恶,这些技艺的后果不能全然为那些使用他们的人所期待或控制。而且,一旦社会引入了这些技艺,人们就不能够轻易去除它们。即便某些实践受到谴责和禁止,那些知识将会被保留并得以秘密传承。培根瓦解了技艺和智慧之间的古老区别。亚里士多德的"理论智慧"并不存在于培根与实践知识分离的学说中。④ 斯蒂德进而主张,培根未能区分二者的做法也许是正

---

① 明科夫,第 126 页。明科夫甚至认为,如果《古人的智慧》已经得到了正确的理解,那么现代科学和哲学就不可能出现。
② 《古人的智慧》,第 245 页。
③ 《古人的智慧》,第 246 页。
④ 斯蒂德(2003),第 231 页。

确的,即便这让科学更加危险。一旦某种科学为人知晓,它就会不可避免地变成技术。科学以发现为目标;大家知道的事物不可能是陌生的。

对培根而言,科学家的动机最为重要。①《新大西岛》假定了在科学家之中存在团体;所罗门之宫里的研究人员对政治决策和科学决策一视同仁。从另一方面而言,代达罗斯的故事认为在服务于进步的过程中,嫉妒既不能被控制也不能被利用。科学家会被这种低级情绪的毁灭。②科学家的雄心很大程度上基于对其成就的认可;倘若社会不能提供这种认可,科学家就不愿意为公众利益服务。代达罗斯提供了另一种象征,表明诸如所罗门之宫这样的社会根本行不通。科学家是人,所以懂得人性。

在"斯芬克斯,或者科学"的神话中,科学模棱两可的性质进一步受到强化。斯芬克斯是个由许多其他生物元素组成的动物;它既睿智又危险。一个人从斯芬克斯那里得到智慧还是死亡依赖于这人[53]破解其谜语的能力。斯芬克斯为一个被迫慢慢接近他的人所制服。③同样,培根经常告诫那些试图过快推动科学的人们,他们未曾充分理解其行使的权力。

"阿塔兰忒"的寓言对于探讨《新大西岛》尤其有意义。虽然阿塔兰忒(Atalanta)在赛跑中远比对手迅速,却受到沿途中出现的金苹果干扰而分心,于是输掉了比赛和自由。培根视此寓言为艺术(阿塔兰忒)和自然(希波曼斯[Hippomanes])之间的冲突。④倘若未受阻碍,艺术远比自然能够更快到达目的地。无论是从黏土砖块的生产还是经由专门的哲学探究获得智慧都是如此。可是艺术

---

① 斯蒂德(2003),第225页。
② 斯蒂德(2003),第227页。
③ 《古人的智慧》,第275页。
④ 《古人的智慧》,第258页。

总是偏离目标。培根写道:"没有任何一种艺术……在真实、合法的进程中,直至它到达预定的结果……会持续坚守……的开端后不时停留,离开比赛,转向好处和利益。"① ……却在良好……正确,培根却不能解释自然在这个寓言中的作用。……种说法……曼斯的诡计;培根是认为自然故意试图阻挠艺术么?

阿塔兰忒的故事有以下几个原因值得引起注意。阿塔兰忒和亚特兰蒂斯在名称上的相似令人立刻想起了后者。和阿塔兰忒一样,亚特兰蒂斯的意思代表着技术进步,也即艺术。未能通过技术充分掌控自然,亚特兰蒂斯遭受了毁灭。即便有自然灾害,本色列岛已然接近为人类所完全掌控的自然。科学的目标只能达至于此吗?或者,它是故意不切实际地描绘科学成就?温伯格认为新的知识结合了希望和对无形事物(完美未来)的信念,这种希望和信念标志着带有现实主义色彩的基督教,后者为启蒙运动所追求。② 把理论和实践折叠为能够解决人类麻烦的一件事,这一愿望源于让哲学安全的希冀。遗憾的是,诸多培根知识的继承人都没有意识到这一梦想的不可能,但在现代世界中它因为科学的运作而成为必要。③

归纳法携带着信息不完整的风险,这已然为科学的确定性所接受。目前,所有知识都从属于情感和意志,"因为人们更愿意相信他想要的东西是真实的。他抵制困难之事,因为没有耐心去做调查"。④ 可是问题仍然存在:人类会有足够的耐心让培根的愿景变为现实么?或者,科学的目标会始终被损害或弯曲向阿塔兰忒的金苹果么?毕竟,培根关于科学危险最明显的警告之一也来自于《新工具》。他写道:

---

① 《古人的智慧》,第 258 页。
② 温伯格(1985),第 164 页。
③ 温伯格(1985),第 230 页。
④ 《新工具》,第 44 页。

经设想并预见到,如果人们曾经注意了我们的建议……力于(已经告别了诡辩学说的)经验,那么这种哲学最终……正危险,因为[54]头脑的草率和冲动,以及它跳跃或飞行到……物的一般陈述和原则;即便现在我们也应当面对这个问题。①

因为实证哲学立足于经验,其结论似乎无懈可击。如果较少人参与到这种实验中来,在缺乏充分证据支撑的情况下,他们易于得出关于自然的一般结论。培根的科学改革是魔术的替代品。布里格斯认为其归纳方法最初类似于祈祷和天启——科学家必须在没有真正目的概念的情况下埋头苦干,直至宇宙的真相变得明朗。② 因此,归纳科学也会包含与启示性幻觉同样的陷阱。也即是说,如何区分真相和生动的幻觉?随着人们设计出更为完善的实验,科学理论不断得到证伪。可是,门外汉们常常不愿意适应新情况,也不愿意接受先前"事实"是错误的。科学承诺真理,但必须谨慎对待不切实际的承诺。

经济和政治自由主义

包括科学知识在内,所有知识之不确定性有助于解释培根计划对自由主义的需要。在宣布政治真理和制定法律时,政治家必须慎重;最睿智的途径也许是最为慎重的。自由主义阻止了以"真理"名义上演的暴政。它阻碍了以残缺信息为行事依据的政府。通过尽可能多地维护个体自由,政治家也会让科学家有自由去探索新的研究途径。一个自由的社会将促进创新和科技进步,同时

---

① 《新工具》,第 52 页。
② 布里格斯(1989),第 168 页。

保护公众免受现代科学专制之可能。

在"论谋叛与变乱"中,培根提请人们注意"匮乏和贫困",援引它们作为叛乱的物质根源。① 作为救济方法,他建议"便利并均衡贸易,保护并鼓励工业,禁除游荡,以节俭令制止消耗与浪费……"②这里可以发现对自由贸易强有力的支持以及共和精神的根源。他尤其瞄准了慵懒的贵族阶级;培根并不倡导民主,但他想要一个充满活力、勤奋的贵族阶级,这个阶层能够重视学术、理解科技进步。普通人可能是科技的消费者,但贵族会主要负责保护科学家进行创造的自由。

培根认为"金钱好像粪肥,只有撒到大地上才是有用之物"。③ 商人是重要的经济支柱。培根继柏拉图《法律篇》的例子之后,又一次提升商人的荣誉地位。④ 在本色列岛,商人乔宾(Joabin)被认为是个博学之人,科学家们[55]称自己为光的商人。培根认为现代科学的成果将很快成为商品;他也意识到国际贸易勃兴与冲击的力量。国际贸易将导致信息的传播。面对异域观念的持续影响,一个国家要保持强大,必然需要生气勃勃的民众(既有贵族也有平民)。不受约束的商人将确保国家货币生活的健康;培根则必须确保国家政治生活的健康。

商人的重要性在"论王权"中再次得到强调,后者谈及为帝王者的诸多苦恼。培根认为如果商人不活跃,"一个国家也许有好的四肢,但是其血管将是空的,其营养将甚为贫乏"。⑤ 压制商人和贵族的帝王被谴责为目光短浅。虽然受压迫的贵族会在短期内易

---

① 《培根论说文集》,"论谋叛与变乱",第104页。
② 《培根论说文集》,"论谋叛与变乱",第104页。
③ 《培根论说文集》,"论谋叛与变乱",第105页。
④ 参见第四章的深入探讨。
⑤ 《培根论说文集》,"论王权",第119页。

于管理，但在危机中却助益甚微，因此王国在下一代会陷入混乱，亨利七世（Henry VII）的生死证明了这一点。"论王权"引导读者不要相信帝王。这些观点在"论邦国的真正伟大之处"里反复出现。培根赞同自由的归化政策；主张在军事、经济和政治社会之中宽容接受被征服民众。① 他还强烈支持海军力量作为过去和未来成就大事的关键。尽管可以引导一个王国走向伟大，但培根感叹这些事物通常还是顺其自然。

假若视《新大西岛》为乌托邦，那么新大西岛受到高度控制的社会和培根的早期自由主义之间会难以调和，尤其是在商业自由领域。持此观点的怀特认为，培根一定认识到，随着人类战胜自然力量的增强，人战胜人的力量也在增加，这容易让人在事后看到理想主义和冷酷无情之间的联系。② 我认为培根无疑意识到了科学有变得专制的潜在可能性，并且以本色列岛为形式提供了一个科学专制的形象例子。怀特很清楚，培根一定会认为霍布斯的努力为时过早，因为自然科学还没有发展到足以征服政治科学的地步。纵然自然科学目前已经得到了长足进展，发展政治科学的任务之艰难仍然一如既往。现代政治哲学的任务是尽可能防止缺席判决，引导政治和科学发展的方向。③ 可是，培根的先见之明告诉我们，必须时刻警惕现代性；科学可以为自由所调和，但走向专制的趋势也许不可避免。

结　论

[56]对早期现代哲学家持反对意见的后现代态度，强调技术

---

① 《培根论说文集》，"论邦国的真正伟大之处"，第151页。
② 怀特，第249页。
③ 怀特，第259页。

煎熬、压抑、无产者的方面。这在培根的作品尤其是《新大西岛》中有所体现——纵使本色列岛的居民生活惬意,但他们未受启蒙。不过在其他作品中,培根更关注科学家思想的高度。和哲学一样,科学具有将个人和永恒连接起来的力量。批评者反对科学不能安全普及。但许多人认为哲学同样不能安全推广。一个国家不能由哲学家或形而上学的人组成。伟大是罕见的,但对哲学家而言却是必要的。

按照维克利的说法,施特劳斯认为当代政治具有世界性,因此较以往更加哲学化。① 不过他怀疑现代哲学能否回应这一挑战。现代政治哲学较以往更切合实际;而后现代哲学已经与目的相脱离。实证主义和存在主义的优势地位导致了政治的边缘化。② 甚至培根对慈善事业的呼吁也已然失败。布里格斯指出,慈善是克服自然联系的一种方法。③ 通过将关注普遍化,培根削弱了特殊关注。如同柏拉图在《理想国》中表明的,任何超越对自身爱欲迷恋的尝试注定要失败。

也许在苏格拉底的思想中仍然能找到一个解决方案。④ 苏格拉底寻求对问题的认识,而非答案。通过确定最基本的问题,哲学家为社会指出了正确答案。许多问题并无确定答案,故此哲学始终是必要的。这种可能性对培根并非不存在。我们自己未能领会培根的警告,他不应对此担责。现代科学及随之而产生的科技继续发展;培根计划对现实的调整是政治哲学唯一的希望。走出这场明显危机的唯一途径就是投身于思辨哲学来恢复它。政治社会从未支持和赞赏苏格拉底,苏格拉底对这一事实了解得相当透彻。

---

① 维克利,第110页。
② 维克利,第112页。
③ 布里格斯(1989),第237页。
④ 施特劳斯(1989),第262页。

在自己对智慧的热爱和为根据自己目标塑造出来的社会所接受的必要性之间,培根试图找到平衡。现代社会里的哲学家已不再身处被束缚的危险之中。但人们要问的是,在各自头脑的私密空间中,他们是否已经接受培根的呼吁,继续那种不受束缚的质疑?

第四章　头脑和身体:批评本色列岛社会

[61]我现在要仔细研读《新大西岛》的文本了。开始之前,一定要考虑《新大西岛》的写作目的。福克纳认为培根的《新大西岛》向我们展示了如何让科学大众化。① 他把本色列岛作为第一个以未来为导向的乌托邦,这个乌托邦依赖于有条不紊的研究成果。科学家通过其作品获得不朽(既有隐喻也许又有字面的含义)。荣耀是不朽的关键,事实上,明科夫设想,对现代思想家而言,不朽兴许是最高的人类之善。② 培根必定在读者面前追求这种可能性。可是,细致的读者会质疑,在政治社会中不朽到底如何产生作用,特别是当这个社会的所有成员价值不一样之时。

培根的变革也许有人道主义的目标,但其核心却并不是人道主义的。虽然我并不同意本色列岛是乌托邦式的,但一个没有贫困的未来有力量去俘获公众的想象力,在这点上,福克纳无疑是正确的。戴维斯理所当然地认为乌托邦文学展示了人类对自然的支配。③ 不过,这种优势必须包括对人性的控制。掌控自然、创造真正的乌托

---

① 福克纳,第11页。
② 明科夫,第11页。
③ 戴维斯,第24页。

邦需要牺牲一些本质上是人类的东西。培根运用《新大西岛》的诗意形式清晰传达他将传统观点转变为开明观点的伟大计划,同时掩饰了这种转变。如同培根理解的那样,诗歌是种修辞学。[①] 不像本色列岛人的计划,培根的计划并不需要普通公民受到强制或者不情愿的改变。追求乌托邦是条危险路径,培根知晓这点,并且运用小说描述一个虚构的乌托邦来警告这一危险。除非人性能被完全掌控,否则最好不去尝试。

[62]本章讨论本色列岛的"民间"文化,下一章探讨所罗门之宫这一统治机构的结构和运作。通过研究本色列岛社会的这两个方面如何运转,我揭示出它们之间如何产生关联以及它们如何与外界联系。对于了解培根以科学塑造社会的方式而言,本色列岛的历史和风俗必不可少。如果我的推测正确,即培根希望表明本色列岛是个虚假乌托邦而非典型社会,那么这类证据一定会在本色列岛居民的生活中出现。毕竟,培根的科学是为了引导社会,而非脱离社会。培根不打算让科学家过苦行者的生活或者囤积他们的发现。所罗门之宫的创新必须反映在城邦的文化和政治之中。反之,城邦文化和政治的状态必然折射出:科学家对政治规则理解得如何之好,他们如何善于塑造一个强大的政权。

《新大西岛》以一个被搁浅的欧洲水手的口吻进行了讲述。他和同伴遭遇了无法预料的(也许是制造的)坏天气,偏离了航线。他们被迎接到外邦人宾馆之中,接受了食物、庇护和医疗。在此期间,水手们与外邦人宾馆的馆长攀谈,后者是负责照顾他们的政府官员。在水手们的隔离期间,他讲述了本色列岛的政治和宗教历史。当水手们解除隔离能够进城后,他们与本色列岛的居民交往起来;讲述者和博学的商人乔宾交好,后者向他们展示了本色列岛

---

① 福克纳,第 238 页。

的婚姻习俗。故事以所罗门之宫的一个元老造访而结束,在让讲述者介绍欧洲的情况之前,他展示了所罗门之宫的权力和结构。我从水手们与外邦人宾馆馆长的讨论之处开始分析,但会根据需要参考他们被隔离之前的事件。

欧洲水手们在本色列岛居住了9天,讲述者告诉馆长,他的话让水手们忘记了"危险的过去和恐惧的到来"。① 这种明显的恭维实则包含着一个警告。颇似奥德修斯的人在食莲人的土地上,水手们忘记了来自何方、去往何处。讲述者后来谈到,本色列岛的居民如此打动他们,以至于他们忘记了自己家乡珍爱的一切事物。② 这一忘却对本色列岛的成功而言至关重要。正如柏拉图《理想国》和《法律篇》论证的那样,只有抛弃旧的传统,新的传统才能够建立。只有忘却旧的社会,新的社会才能够成功。水手们不仅忘记了他们的文化传统,也忘记了他们与欧洲的个人联系。水手们从未提及留在欧洲的家人,但人们必须假设至少一两个人是有妻儿的。这些[63]关系受到本色列岛人的颂扬,认为比其他事物更为自然,但它们都不足以克服为现代科学所带来的繁荣和进步之诱惑。本色列岛不受时间影响,水手们的确在时间的段落中留下了痕迹。但它是个完全没有外界刺激的世界。无论忘记的危险是过去经历的还是现在面临的,水手们都不明智。水手们说,他们愿意用之前生命的许多年来交换现在和馆长在一起的一个小时。他们似乎在寻求遗忘。遗忘不是一个有思想、独立之人的特有状态。如果本色列岛人生活在遗忘的状态中,他们的社会将会静止,它也将缺乏任何个人自由或者古典美德。

在讨论本色列岛如何能够知道欧洲的那么多东西却不为欧洲

---

① 《新大西岛》,第259页。
② 《新大西岛》,第262页。

的探险家所发现之时,讲述者注意到本色列岛人具有"隐藏和不为人所见,却让别人处于犹如站在灯下般可见"的能力,①这让他们如同神明一般。神的权力不仅是知道任何事情;他也仍不为人类的视线所及,除非人们不断努力去了解他。知识是力量,但假若为人所见,那么运用这种力量的能力就会打折扣。神能够以不可思议的方式行动,是因为没必要说明其动机和行为。人们应该清楚统治的类似之处。这一调换让人想起培根的主张,即统治是"是一种隐秘不露的知识,这是因为有两类事物需要保守秘密;一类事物人们不容易了解,另一类事物不便让人了解"。② 从这里可以看出,培根的观点既可以适用于人对社会的统治,又可以适用于神对世界的统治。科学家肩负着揭开神之统治原理的任务;谁能行人之统治相同之事? 人们需要政治科学家去发现什么样的法律和政策能产生最佳结果。当然,问题也接踵而至:何为统治目标? 可能的目标包括了稳定、权力和个体自由。最好的社会多半结合了这三个要素。如果培根被视为严肃的政治思想家,人们必然假定其完美社会理应朝向这种难以找寻的平衡去努力。本色列岛显然是逊色的。

馆长断言,去国外的游客凭借观察会比留在国内的人知晓更多事物,后者的知识来自旅行者的描述,这一断言在几个方面值得注意。③ 它表明讲述者对本色列岛的描述值得怀疑,或者至少是不完整的。朗佩特认为讲述者是博学的;他能够看透本色列岛社会的虚伪行为,是和乔宾一样的人。④ 我没有被他说服。讲述者在本色列岛的经历受到其既有信念和经验的渲染,一个欧洲水手

---

① 《新大西岛》,第 259 页。
② 《学术的进展》,第 208—209 页。
③ 《新大西岛》,第 260 页。
④ 朗佩特,第 34 页。

的信念和经验。他最终肩负着把本色列岛介绍给欧洲的责任;也许之所以被遴选出来是因为他是最具代表性的欧洲人,而不是最开明的欧洲人?仅仅通过论著和辩证法,哲学家尚不能为正义政体或者变革社会给出充足而又吸引人的[64]理由。当柏拉图的哲学家回到洞穴,试图向那些尚在囚禁中的人描述真相时,他就被毁灭了。① 通过描绘本色列岛的一幅诗意画卷,培根指示给读者,哪些是读者也许没有准备好接受或者理解的。

《新大西岛》是一幅以科学之力改变社会、给人深刻印象的图画,而不是哲学家关于科学潜力产生激进新技术的争论。培根呼吁读者走向未知的未来,我们只有沿着科学的路径前进才会知晓其潜力。把英国转变成一个科学社会,人们才得以看到科学社会的真实情景。培根对修辞任务的描述——"在于把理性应用于想象方面,以便更好调动我们的意志"②——也适用于《新大西岛》。诗歌提供了烛光,使得培根的思想能够迎合公众的口味。③ 按照培根的说法,在质朴的状态下,真相永远残酷、甚少有用。诗歌投下了阴影,对于那些不求细看的人,瑕疵得到了隐藏。

本色列岛的政治历史

呈现在水手们面前的本色列岛之政治历史证明这个岛屿神话般的过去,由此取代了欧洲神话。④ 根据馆长的说法,经过战争和时间的自然流转,世界上的其他地方丧失了航海技能。战争容易被理解为回归的起因,如果国家毁灭或者贫困,那么伟大的航行将

---

① 《理想国》,514a—521c
② 《学术的进展》,第149页。
③ 《培根论说文集》,"论真理",第61页。
④ 朗佩特,第42页。

会停止。时光的自然流转更加不确定。这句话意味着历史是周期性或者混乱的。所有上升的事物必定最终落下吗?或者可能以一种稳定的方式向前迈进?"时光的重大偶然"这一短语①表明,假设自然和人类都追求自己的行动方向,那么就不会有真正的进步。人类必须干预自然,才能影响进步。科技让人类能够掌控普通的自然危险;有朝一日,它可以让人克服自然的持久灾害。伟大亚特兰蒂斯的技术已经发展到建造高楼的地步——他们的科技只能在洪灾之后延长其痛苦。人们需要更多、更好的科技来阻止洪水和死亡。这是新大西岛从过去那里汲取的教训。

本色列岛人没有自觉选择隔绝;周遭都是海洋的态势为他们做出了选择。美洲国家是本色列岛最大的贸易伙伴;结合在亚洲和欧洲的航海损失,亚特兰蒂斯的毁灭自然而然导致了本色列岛的隔绝。这一解释并未说明为何本色列岛停止了[65]前往其他国家的自由旅行。那是个深思熟虑的抉择。在亚特兰蒂斯的毁灭之后,本色列岛是世界上最为强大的国家。然而他们并未寻求征服其他国家,甚至也没教给他们更好的生活方式。本色列岛变成了一个日益脱离国际化世界的国家。现代性昭示人们,随着世界变得更大,它也同时变得更小。相对普通之人触手可及整个地球的消息,这意味着真正的隔绝并不可能。本色列岛选择了政治停滞,而非拥抱这种变化并引导其发展。做出这个选择的是他们最为著名的国王,所罗蒙那。

关于记忆,他们"大多数并非迷信地将其尊崇为天赐的手段"。②本色列岛并没把国王顶礼膜拜成活神仙,在其死后也未曾奉为偶像。所罗蒙那被尊为贤明之君,但他不是先知、圣人或

---

① 《新大西岛》,第260页。
② 《新大西岛》,第261页。

第四章 头脑和身体:批评本色列岛社会

救世主。据说,所罗蒙那有一颗巨大的心脏,永远无法理解,一心要使他的王国和人民幸福,这是对圣经里所罗门的暗示。① 所罗蒙那被认为是本色列岛的立法者,他在集体记忆中扮演着类似犹太人所罗门和希腊人梭伦的角色。在他制定的基本法律之中,有着关于外邦人进入的禁令和禁律。那时,海岛上时常可见游客,但所罗蒙那怀疑新奇事物、混合礼仪,于是他驱逐了外邦人。

本色列岛关于外邦人的法律表现为尝试"同时加入人性和策略"。② 人性不允许大规模屠杀外邦人,但策略不允许外邦人向其他国家透露本色列岛的秘密。通过对游客慷慨的治疗和提供永久性居住,这种冲突能够部分得到缓解。在一个繁荣的国度里,奢华生活对大部分水手而言会很有说服力。馆长声称没有船只选择返航,只有13人选择了归国,他们会待在本色列岛人船只的底部。这些返回的个人从未提及本色列岛,由此能够推断,他们未能在旅途中幸存下来。馆长暗示,没有人会相信这些返回者的故事,但这似乎值得怀疑。朗佩特指出,在培根的那个时代,欧洲的统治者对财富之岛的故事极有兴致。③ 人性的需要在此必然会与策略产生冲突。当此类情况发生时,策略必定胜出。

所罗蒙那对外邦人的猜疑令人想起在柏拉图的《法律篇》中,雅典关于外来游客的外邦人法令。④ 往返迈加拉(Megara)受到严格控制。公民只有获得夜间委员会的允许,才能离开这个城市。返回之时,旅行者会受到彻底检查。如果他们学到某种有益的国外风俗,会受到赞扬并能够参加委员会。如果他们貌似受到国外

---

① 《列王纪(上)》4:29《希伯来书》5:9)
② 《新大西岛》,第261页。
③ 朗佩特,第49页。
④ 《法律篇》,951d—953e。

新事物的腐化,就会受到压制。这些人被允许[66]独自居住,但像那些公开言说不敬而被判有罪的人一样,任何不能符合委员会要求的人将会被处死。外国游客在公开场合得到友善对待,但私下里却受到严密监视。外邦人法令的意图是防止危害神灵的思想在城邦里扎根。不敬行为被视为对城邦和平极其危险之事,文化融合会让宗教主张受到削弱。

《新大西岛》的读者也必须考虑:通过隔绝本色列岛,所罗蒙那希望达到什么目的。他能够保护所罗门之宫;科学家的作品肯定会激发外国政府的羡慕。或者他能够维护本色列岛信仰的神圣。第三种可能性也存在,我相信也有可能。所罗门之宫表现出强烈兴趣去发现世界各个方面的真相,包括自然以及人类的局限,对政治的科学检验是这一努力的逻辑结果。考虑到本色列岛的隔绝,它可以充当一个近似的实验室。在此场景下,社会中不受控制的那些元素会让这些研究毫无用处。雅典外邦人的建议表明了隔绝一个需要对外贸易之社会的困难。这也暗示了下述之事不大可能,即公民出国旅行之后又依然如故的返回。

有趣的是,据说所罗蒙那未曾寻求改善其王国,但他却是所罗门之宫的创建者,这个机构以改善人类生活为名致力于征服自然。他认为王国已经处于巅峰状态,只要寻求"赋予永恒,它在他的时代得到幸运安排"。① 这几乎不是个明智统治者的思想,也不是个从事科学之人的思维。政治停滞是不可能的;从修昔底德到孟德斯鸠到麦迪逊的一干思想家都坚称,社会可能衰落或进步,但它们不会一成不变。而且,诸如所罗门之宫这样的机构会绝对致力于进步。明智之人可能会认识到变化的速度必须在一些社会中进行调节,但变化自身不可阻挡。朗佩特认为

---

① 《新大西岛》,第 261 页。

所罗蒙那的意图是仅仅给出停滞的表象,而让科学家控制社会的变化。① 毕竟,所罗门之宫创造的技术已然改变了民众的法律和风俗。虽然这是事实,但人们并未受到更多哲学启蒙也是事实。本色列岛的物质环境在变,但当水手们登陆之时,人们已经不再能够像所罗蒙那统治之时那样管辖他们自己了。

所罗蒙那缔造了所罗门之宫,王国的灯塔。② 所罗门之宫给王国带来了光明,但也投下了阴影。知识是科学家积累的,但他们的所有知识并没有与民众或政府分享。萨洛蒙是否参考了所罗门或所罗蒙那,人们对此存在争议。③ 馆长宣称,[67]本色列岛人拥有所罗门关于自然历史的著作,欧洲人对此并不知情。所罗门的秘密计划类似于培根作为《伟大的复兴》之组成部分而进行的计划。④ 也许培根是在暗示,所罗门本应从事的正是这个计划,而不是修建圣殿。⑤ 所罗门以智慧和罪孽而著称。他见证了圣殿的建设,可以说是促成了以色列的衰败。所罗门的智慧不足以建立一个持久的帝国。

所罗门之宫有时被称为六日工作学院(the College of the Six Days Works),表明它的目标是为了荣耀上帝和更好运用其作品,去发现万物的本质。一旦人类理解了自然法则,上帝的荣耀将会增加,这种想法很有意思。人们时常以宇宙的庄严雄伟和不可思议作为证据来证明上帝的力量。任何揭示自然如何运作的齐心协力可以反过来视为将上帝限制在物理学范围内的努力。可是,馆长认为如果人类真正了解了宇宙的错综复杂,他们会更加敬畏上帝。知识不会导致无神论,而是导致尊重。

---

① 朗佩特,第44—45页。
② 《新大西岛》,第262页。
③ 《新大西岛》,第262页。
④ 《伟大的复兴》,第7—9页。
⑤ 朗佩特,第50页。

这一观点是对下述观念的明确挑战，即神启是与神圣事物沟通的唯一方式。如果科学能够阐明宇宙的运转，那么科学家（而非祭司）显然最能够理解上帝的作品。人们仍然需要一个精英阶层来为更多大众诠释上帝的作品，但这个精英阶层要由此种科学家组成，他们能够运用经验验证事实，并利用知识来缓解物质匮乏。按照培根的看法，欧洲教士利用自己的特殊地位来集聚权力、阻碍学术进步。培根的新教士们会运用其知识创造人间天堂。这标志着在城邦中对哲学和哲学家作用的重新定义意义重大。在一个非理性派系占据支配地位的社会中，培根并不打算让哲学或者科学成为理性的堡垒。宗教、天启、诗歌——都将融合到新的哲学之中。一种立足于经验科学之上的哲学。

这种强迫政治静止和征服科学共存的尝试，有力地表明本色列岛的计划最终会失败。他们制造了一种和平，但却不是和谐。在本色列岛，政府的真正结构含糊不清。许多评论者主张，所罗门之宫在实际上行使着统治之权，但在文本始终，一个独立而又隐蔽的政府一直被提及。而且，行事具有逻辑连贯性风格的所罗门之宫应该不能容忍所罗蒙那倡导的那种惰性。有两种可能性。怀特和福克纳认为本色列岛的治理表明了一个大型的、自我调节的官僚主义国家，受傀儡君主统治。[①] 所罗门之宫在一个独立范围内运转，本身并不关注城邦的日常运作。第二种[68]可能性源自我以前假设过的方案，在那里，本色列岛是科学家所管理之政治科学的实验对象。在谈话中，所罗门之宫的元老显露出他们能够创造"自然的"灾害以及他们在城邦巡游的做法，以便教导公民如何预防和纠正其影响。[②] 科学家制造混乱以便看到城邦对不同

---

① 福克纳，第255页。
② 《新大西岛》，第270页。

刺激的反应,这是不太可能的事情。

本色列岛的生存依赖于第一种场景的真实性。福克纳一贯认为,培根极为关注建立和保护经济自由。现代政治历史的展开支持了这一断言,即倘若现代科学得到了良好确立,那么科技进步将极难控制。政治权力会稍微引导它,但利润通常是比惧怕和爱国主义更为强大的动力。在受到控制之经济中运作的科学,敏捷和革新的程度不像另一种科学,后者允许科学家为了成功而公开竞争。在现代世界中,诸多科学研究受到政府机构的资助,这点不假;但同样不假的是,这些政府机构更愿意转包给私人公司,而不是聘请科学家做公职人员。当然,科学家不喜欢仅仅追求经济利益的私营部门;自由也是个问题。政府资助的科学受到非科学家的管制,在民主国家中甚至得屈从于公众舆论的变幻莫测。既然政府必须对科学实施某种控制,政治理论家和科学家的任务就变成了在保留政府最高统治权的同时,决定哪种制度和政策最适合于助益科学进步。与政治现实保持一致的福克纳认为,共和政府最适合这一目标。维系一个国际化的海上贸易帝国需要经济自由,对于这一自由而言,共和政府是个必备的先决条件。福克纳声称本色列岛是培根创造出来的此类社会之典范,我们的分歧随之而来。假如福克纳的观点正确,那么本色列岛就会展示出来既有共和政治的能力、又有经济自由的能力。我相信,对文本的细致分析显示出,二者在本色列岛皆不存在。问题依然是:为何没有?

所罗门之宫的科学家基本上生活平等。虽然他们分属不同领域,但在对资源分配和实验过程做决定之时,他们实行集体决策。[1] 在所罗门之宫研究人员的平等之中发现了自治的唯一可能

---

[1] 《新大西岛》,第269页。

性。当然,这些人都没有拥有差异极大的智力、教育、财富和地位。他们是王国的精英科学家。他们能够自我管理是因为他们在法律上平等。自然而然地,有些人比其他人更有才干,他们通过荣誉和雕像得到奖励。① 容纳这些荣誉的陈列室却并不公开。科学家也许意识到了他们之间的等级制度,但[69]对于本色列岛的普通公民而言,他们是一个与其他人不同的阶级。② 在此情况之下,自治之可能性并不必然会转化为共和政府。科学家有离开岛屿的自由,并且拥有其他生活方式的知识。他们的使命要求创新能力和更大权力的独立运作。简言之,科学家需要自由去行使职责。他们也对本色列岛的公民和政府拥有着巨大权力。③ 科学家并不相信普通民众具备其知识——那么民众又如何能够被托付以治理之责?

描述本色列岛事物状态的第二个方案,在关于所罗门之宫元老做出决定把机构和岛屿透露给欧洲这一方面,更加残暴、更加可疑。他们的决定意味着科学家准备好去看看,他们创建的城邦如何与外来文明相互作用,这反映出《理想国》和《克里提阿》之间的分歧。《理想国》描绘了一个理想化的城邦;《克里提阿》描绘了一个流动的城邦。《克里提阿》的城邦,古代雅典,只是在表面上类似于共和城邦,因为当面临诸如战争的政治现实之时,理想化城邦无法袖手旁观地存活。《新大西岛》的结尾指向了一个完全不同的故事。在研究培根的学者们之间普遍达成的共识是,本色列岛的社会将会征服欧洲社会。讲述者会回家,散布旅行的新闻。欧洲将采纳本色列岛的做法,向前迈进到繁荣、科学的未来,或者迈入一个技术上的反乌托邦。本色列岛的美好令人怀疑,但它征服欧洲

---

① 《新大西岛》,第 269 页。
② 普莱斯,第 6 页。
③ 戴维斯,第 137 页。

的能力却并非如此。可是我认为,假若培根想让本色列岛在与欧洲文明的冲突中幸存下来,他就不会把它当作亚特兰蒂斯了。

本色列岛的基督教

必须记住《新大西岛》是一个欧洲水手的讲述,他参与了新世界航行。在文本的第一个段落提出了关于这些水手性格的几个问题。在试图返航之前,水手们在秘鲁停留了一年。他们是殖民者?还是海盗?他们的使命从未交代过,讲述者确实透露,尽管水手们带足了一年口粮,但还是在六个月后陷入困顿。[①] 水手们要么是拙于筹划,要么是缺乏足够的自我控制。两个特征都有可能让他们容易为一个富裕、包容的社会所打动。[②] 当一股强劲、持久的风自西而来,迫使船只改变航线之时,他们正行进在缓慢而稳定的西向航程中。风向的改变接着来自南方,逼迫水手们直接驶入通往本色列岛的路径。

[70]卡顿认为,《新大西岛》有特别有趣的背景,即天主教会抵抗反对意见的存在和球形地球的想法。[③] 本色列岛不仅与欧洲在地球上处于正好相对的位置,而且拥有不同、神秘的基督教启示。讲述者的基督教经文知识很快显露出来。他屡次借鉴圣经段落;这为询问他何时以及为何这样做提供了线索。

当水手们已经接受生命行将就木之时,他们祈祷上帝"在深海中显现奇迹。"[④]《诗篇》107讲述上帝操纵自然,激发追随者的奉献精神。上帝带来暴风雨,威胁到已经航行的以色列人的生命。暴

---

① 《新大西岛》,第255页。
② 普莱斯,第6页。普莱斯认为本色列岛对颜色、织物和其他奢侈品的突出,意在强调欧洲社会缺乏这些东西。
③ 卡顿,第35页。
④ 《新大西岛》,第255页;新国际版,《诗篇》107:23—32。

风雨直到水手们哀求上帝来拯救他们时才减弱,那时上帝平息了海洋,把水手们引到一个避风港。《旧约》中的上帝是可怕的,因为他能够绝对控制自然,并且运用这种权力让人敬畏、行使惩罚。① 如果有人要效仿上帝,如同所罗门之宫的科学家所打算的那样,那么他必须拥有类似力量。

在开始之时,讲述者谈及上帝"发现"或"揭示"了物质世界。② 这与创造物质世界的上帝不同。上帝也许可以随心所欲操纵自然,但自然界的本质是上帝之外的东西。出现在这个段落中的上帝比圣经的上帝还要古老。水手们发现了本色列岛,堪比上帝发现了陆地。本色列岛是个新世界。它不仅是个延伸旧世界(如秘鲁)的地方;而且,它是个全然崭新之物。该岛似乎位于北太平洋,大概靠近夏威夷群岛。③ 在太平洋而非大西洋的位置更容易解释其隔绝,大西洋在培根时代已经得到了充分探索。太平洋也是东西方的桥梁。在小心翼翼维系自身差异性的同时,本色列岛的文化也借鉴了欧洲和亚洲的文化。

可是,本色列岛并非新世界,它是新大西岛。水手们登陆到了一个港口城市。城市不大,但建设不错。虽然游客罕见,但本色列岛的人们非常担忧这种情况出现。他们有条不紊地走到岸边,默默避开水手们。他们似乎是训练有素的民兵。这种组织水平显示出军事纪律性抑或无条件服从。本色列人技术的奢华和异国情调在其羊皮纸上一目了然。④ 水手们看到了以古希伯来语、古希腊语、拉丁语、西

---

① 尽管在人物之间的对话中兜售了基督的仁慈,但在《新大西岛》中绝大部分对圣经的引用来自《旧约》。
② 《新大西岛》,第 255 页。
③ 尽管在欧洲人和夏威夷人之间第一次得到确证的联系出现于詹姆斯·库克船长 1778 年的探险,这次探险由一个叫做胡安·加埃塔诺的水手做向导,据报道,他曾经在 1555 年与类似夏威夷群岛或者马绍尔群岛的岛屿有过接触。
④ 《新大西岛》,第 256 页。

班牙语写就的文件。这些语言并非随意选择。希伯来语是启示宗教的语言,正如希腊语是哲学的语言。拉丁语可说是古代帝国的代表,而西班牙则通过航海和殖民努力创造了现代帝国。

[71]官员第一次询问水手们是否基督徒,并且感谢上帝得到了肯定的回答。感谢上帝使用的手势是举起右手向天空,然后放回到嘴上。这一手势是奇特的,似乎是模仿把上帝引向自己。水手们被要求以"救世主的功德"而非救世主名义或救世主恩典发誓,他们不是海盗,四十天内未曾合法或者非法地流过血。① 这是第一个迹象,表明本色列岛的基督教是种实用的基督教。它也提醒我们,基督教不同于其他异教,它坚持上帝的至高之善。

官员询问表明的不仅是对本色列岛安全的关心,而且也是对纯净的关心。本色列人害怕外来的细菌,如同他们对外来思想的警惕。卫生保健部长是得到任命的第一个政府官员。他们也关心仪式的纯粹。四十在圣经中是个有意义的数字;上帝经由四十天的洪水净化了大地,以色列人在沙漠中游荡了四十年来赎罪,耶稣在开始神职之前在旷野里过了四十天。外邦人显然受到了本色列岛官员带有疑心的关注,既因为他们外来的根源,也因为他们外来的思想。

那个书记拒绝小费,说他不能"两次受酬"。② 惯例禁止政府官员接受额外薪资,这似乎阻止了政府官员的腐败,虽然为政府工作的好处是不得不慷慨发扬这种习俗。这是种区分国家官员的办法,尽管他们为奢华所包围,但不会公开展示贪婪。这是本色列文化的奇妙添加——尖锐表明了美德与奢侈的和平共处。因为奢侈已经假定了,所以贪婪在本色列岛不是问题。

---

① 《新大西岛》,第 256 页。
② 《新大西岛》,第 256 页。

水手们在外邦人宾馆被限制了三天。这种约束有几个目的。当然,它给予水手们时间以显现出可能携带的疾病。它也给予国家官员时间以彻底搜查外邦人的船只。讲述者假想一行人可能受到了观察,他们的命运取决于其在隔离期间的行为。此时,水手们并未充分相信自己的安全。值得注意的是,官员始终提及风俗,而非法律。本色列岛的风俗带有法律效力,但风俗和法律分离么?长久以来,政治哲学家认为好的法律应该同时反映和塑造风俗。内在反对一个民族风俗习惯的法律将不会得到自愿遵守。经此种法律组成的政府,没有对武力的自由动用将难以维持秩序。运用"风俗"这一术语描绘本色列岛政府的授权也许是减轻水手们感觉被关押的方法。又或,它反映了本色列岛风俗和法律的完美和谐。

[72]水手们宣称"上帝的意志一定会在这块土地上表现出来。"① 那时,水手们一定在吞咽本色列人的饮食。他们接受了三种饮料(葡萄酒、啤酒和苹果酒)以及绯红色像橘子一样的果子,是治因航海而得病的特效药。② 酒是狄俄尼索斯的饮料,它允许非理性和神圣的事物进入人体。尽管那种水果被描绘得更像个橘子而非苹果,吃外国水果可是揭开神秘智慧的常见先兆。除了这件事可能具有象征意义,细心的读者不得不质疑从此时开始发生的每件事。③ 在后面对所罗门之宫力量的阐述中,已经相当清楚的是,本色列岛的饮食中包含着改变知觉的物质。当然,设想讲述者是在虚构其经历,这毫无意义;如果是此种情况的话,那么就不能够以一种有意义的方式研究《新大西岛》了。不过,重要的是考虑此种可能性,并且察觉到讲述者也许不是其所目睹事物的可靠解

---

① 《新大西岛》,第 257 页。
② 大概是坏血病。
③ 虚构的和科幻的文学(《新大西岛》二者兼有)通常会警告从陌生土地上获取饮食。这种例子遍布于《奥德赛》的莲花到《黑客帝国》的蓝色药丸。

第四章　头脑和身体：批评本色列岛社会　　　　95

释者。

故事的第三天以讲述者召集同伴"了解我们自己"①为开端。和朗佩特不同，我不认为讲述者应该成为哲学家；可是，读者应该接受德尔斐神谕的召唤，视其为苏格拉底和柏拉图在培根故事背景之中的暗示。水手们来自旧世界，一个受到希腊哲学局部塑造的世界。纵然培根认为经院哲学对希腊哲学的诠释错误百出，但经院哲学是那个时代的主流哲学声音。我认为培根反对的不仅是经院哲学对亚里士多德的诠释，而且还有他们偏爱亚里士多德胜过柏拉图。培根表达了对亚里士多德的明显敌意，即使他如此恶毒地攻击亚里士多德仅仅是为了扰乱后面诠释者的工作。从另一方面而言，培根甚少直接引用柏拉图，却相当频繁地间接提到其对话。

讲述者把同伴比作约拿(Jonas)，②上帝安排吞了约拿的鲸鱼把其吐到旱地上，他才从死亡中得到拯救。③但人们应该记得，约拿发现自己身处鱼腹之中，因为上帝带来一场风暴，威胁要摧毁他的船只。上帝希望约拿散布消息去误导城邦，④约拿拒绝了并因其反抗受到了惩罚。约拿获救后，同意接受上帝的召唤。通过愿意动用其力量来施以惩罚和威胁，上帝的仁慈再次得到平衡。上帝无所不能但最终关心人类，约拿是其不情不愿的信使。讲述者的比较有助于进一步深化上帝和所罗门之宫科学家之间的相似程度。水手们为科学家所救，但他们也可能受到科学家的威胁。如同讲述者后来获悉的那样，他被带到岛上的明确目的是为了把科学家的[73]消息传播到欧洲。如同基督教的《旧约》，《新大西岛》

---

① 《新大西岛》，第257页。
② 约拿(Jonah)。
③ 新国际版，约拿：1—4。
④ 新国际版，约拿：1—4。人们可以推断，与其说城市的天生邪恶源自后来得到上帝宽恕的城市之一，不如说城市受到了误导。

强调权力决定道德。

讲述者强调,"我们处在生死关头,因为我们置身于新旧两个世界之外"。① 生死之间的领域是梦想、疯狂和天启的领域。对于一片以科学原理为基础的土地而言,这是个奇怪的特征。正如诗意的叙事对展示科学社会美德是种奇怪的选择。科学之中有某种难以言喻的元素。毕竟,在最高层面上它与巫术、宗教和哲学之间不易区分。

并且,水手们自身并不全然属于某个世界。讲述者宣称是"某种奇迹"把他们带到了本色列岛,他们需要一个类似的奇迹才能离开、返回欧洲。② 尽管水手们表示感恩和敬畏,但他们并不完全信任本色列人。他们感激帮助,但认识到有些事可能是错的。尽管他们对基督教有着显而易见的忠诚,但这些人是水手,沾染了欧洲的恶习。每个人都应该特别注意他们未知的情况。③ 几乎在瞬间,水手们放弃了回归家园的意愿,赞成留在本色列岛,再次让人想起荷马的《奥德赛》(*Odyssey*)。④ 他们的确信并不是因为他们理解了科学原则,或是致力于追求科学真理。他们视本色列岛为和平、繁荣的梦想之地。他们超越了所有已知的世界。这不仅仅是个新地方——它是迥然不同之所。

讲述者坚持他们必须行为检点,"为了上帝的爱,同时由于我们祈求自己灵魂和肉体的幸福"。⑤ 他们必须荣耀上帝,因为上帝救他们脱离早期的危险,因为本色列人是信神的民族。讲述者的宗教极为实用。作为欧洲基督教的代表,他的态度让人们有了一

---

① 《新大西岛》,第43页。
② 《新大西岛》,第43页。
③ 明科夫,第133页。明科夫发现,奇怪的是,水手们并没有对本色列人提出性的请求。他认为本色列岛的药物/食品可能抑制了他们的性欲。
④ 水手们故事的这一面能够与奥德赛遭遇女巫相媲美。
⑤ 《新大西岛》,第257页。

些深入了解:在以一种有利于科学的方式改变基督教的问题上,欧洲人是如何得顺从。就像美国早期的传教士,本色列的基督徒并不认为有必要区分开尘世的繁荣和精神的纯洁。讲述者是个实际的人,他的宗教与生活方式相得益彰。如同形成一个联邦的法律一样,一个民族的宗教必须源自风俗并且塑造风俗。如果宗教对国家繁荣产生了严重的反作用,那么就必须改革宗教。鉴于后面的发现,即本色列人拥有欧洲不知晓的基督教经文,人们可以假定只要把握基本原则,培根和本色列人对改变宗教的细节都持开放态度。然而,这种改变甚少平静。

隔离的日子(他们停留的4—6天)无忧无虑过去了。水手们被限制在外邦人宾馆,声称日子过得快乐。看来似乎有人在对水手们进行某种形式的精神控制。他们不应该平静[74]而快乐。经历了危险之旅,濒临饥饿边缘,囚禁在陌生土地上,他们应该焦虑、恐惧,甚至愤怒。然而当水手们被允许与本色列岛百姓结交之时,他们完全迷恋上了这个地方,毫无离开之意。

水手们停留在本色列岛的第七天,外邦人宾馆馆长来拜访他们。他穿着蓝色衣服,头上戴着有个红十字的白色头巾。红十字在一片白色区域中,现在是战地医务人员的标志,培根的读者一定认出了是英国十字军战士使用过的圣乔治旗。十字军东征企图在世界传播基督教和欧洲霸权。兴许本色列岛是在准备一场自己的十字军东征。不过,馆长不仅仅是政府官员。他在官职上是外邦人宾馆馆长,就职业而言是基督教牧师。① 这种政治权力和宗教意义的混合让人想起托马斯·莫尔,他的《乌托邦》成为了培根《新大西岛》的陪衬品。本色列岛的统治与宗教错综交织,培根的英国就是这样。

---

① 《新大西岛》,第258页。

馆长被派去回答水手们的问题并且明确表示道,"有些事我想和你们谈谈,我想你们愿意听的"。① 这一声明的措辞表明,还有一些事情政府可能不会告诉他们,那些事情他们也不会喜欢听。馆长并未自由回答水手们的所有问题。他们仍然是本色列岛的外邦人。即使在讲述者与所罗门之宫的元老会面之后,本色列岛的统治结构仍然是个谜。假设习俗带有法律效力,通过讲述者在逗留期间的观察和对所遇之事的描述,读者领略了本色列岛的诸多习俗。可是,这个社会实际的政治结构从未被明确描述过。政治真相在习俗的阴影和反映之中呈现出来。

水手们被允许在本色列岛停留六周,但被告知他们的时间能够轻易得到延长,因为法律在这点上并不严格。距离上一个外邦人拜访本色列岛,已经时隔 37 年,可是外邦人宾馆每年都有进账,可以支付水手们的开销。这一描述要么是虚假的,要么显露出对传统根深蒂固的责任。难以想象一个现代政府机构能够在 37 年不作为之后仍有进账。当所罗门之宫采取了如此极端的措施以避免此类来访的时候,外邦人宾馆准备每年接待外邦人的想法是颇为奇怪的。这一证据表明,政府的习俗或法律一经确定,就不允许被更改。法律是静态的,这种事物状态只有在一个完全隔绝、受到控制的社会中才有可能。人们一定会再次提问,怎样才能有利于静态法律管理好一个为动态的科技创新所定义之社会?

[75]加诸于水手们身上唯一明确的限制是,没有得到特别的许可,禁止走到离城墙一英里半以内的地方去。这一限制要么是为了水手们的安全,要么是保护本色列岛的秘密。本色列岛用于度量的单位是卡兰,源自希伯来语克伦(keren,号角,象征力量)。本色列人的希伯来语知识受到强调,但词语的选择可能同样具有

---

① 《新大西岛》,第 258 页。

重要意义。本色列岛的力量在于它能够测量物质世界的能力吗？温伯格指出克伦是用来指大卫王朝的统治者。本色列岛受尊敬的国王所罗蒙那总是被比作犹太人所罗门，所以也许这一词语的选择也意味着强调这种联系。

讲述者认为他们的招待"像父母一般"。① 虽然不是在字面意义上，但政府如同父母般为公民服务。家庭宴会证明本色列岛承认私人家庭结构，这点并不像《理想国》中的城邦。读者已经瞥见本色列岛政府施加于公民身上的严格管控。可是，讲述者视统治者为慷慨政府的仁慈代表，他不只展示了孩子对父母的尊敬和爱戴，他展示了一个皈依者对新宗教的热情投入。

讲述者对所受待遇感激涕零，把本色列岛比作天堂，因为它是他们的救世主。不过，讲述者的下一个承诺也许背叛了这种感情。他发誓"在我们祷告时，如果忘记了提到他这位可敬的人或是这整个国家，我们的舌头将黏在上颚上而开不得口。"② 参考《诗篇》137（*Psalm* 137）：

> 我们坐在巴比伦河畔哭泣
> 当我们想起锡安之际。
> 白杨树上
> 挂着我们的竖琴，
> 捕获我们的人要我们歌唱，
> 我们的敌人要求欢乐之歌；
> 他们说，"给我们唱支锡安的歌！"
> 我们怎能唱耶和华的歌曲

---

① 《新大西岛》，第258页。
② 《新大西岛》，第258页。

在异国的土地上？
如果我忘了你，耶路撒冷，
愿我的右手忘了它的技能。
愿我的舌头黏在上颚
如果我不记得你，
如果我不认为耶路撒冷
是我最高的快乐。
耶和华，求你记住以东人所为
在耶路撒冷沦陷那天。
"拆掉，"他们喊道，
"把它撕下来！"
女儿巴比伦，注定要毁灭，
[76]报答你的人是幸福的
据你对我们所做的一切。
抓住了你孩子的人是幸福的
把他们摔到岩石上。①

《诗篇》137是政治囚犯寻求报复俘获者的誓言。囚犯们提醒自己决不忘记家乡，决不忘记他们的神圣职责是向那些施加于其身上的不义行为进行报复。讲述者在暗示他仍然视自己为囚犯吗？他发誓在祷告中决不忘本色列岛或馆长。他已经视本色列岛为新的家园进行效忠了吗？或者还对欧洲剩余一些忠诚？他发誓要为本色列岛的繁荣抑或毁灭祈祷吗？

馆长寻求牧师的回报：兄弟之爱、水手们灵魂与身体之善。牧师不只关心灵魂，他也对身体有责任和关心。有趣的是，现代

---

① 新国际版，《诗篇》137。

世界里的宗教机构除了精神关怀,也经常关心医疗保健。水手们似乎对提供给他们的物质安慰大为感激,这是可以理解的,因为他们刚刚在海上遭受了数周的匮乏。但也提醒我们,本色列岛是个没有显著需求的社会。一切似乎都很富足,人民很幸福。这里可以得出的一个言外之意是,身体舒适是精神福祉所必需的条件。只有身体满意,精神才会满意。培根的庞大计划强化了这一想法,成为现代科学成功的关键所在。科学可能被视为政府或宗教的威胁,但受到饥饿、瘟疫困扰的人们制造了贫困的话题。科学能够减轻痛苦和贫困,这让普通人能够更好地为教会和国王效劳。

次日,馆长与十个地位较高的水手会面,同意以岛名为始,回答他们关于本色列岛的问题。本色列岛起源于两个希伯来词语"本,色列"(ben, shalem),意思是和平、安全和完整的子孙或后裔。① 这个词的希伯来起源强化了他们与犹太教的古老联系。在皈依基督教之前,岛屿称为本色列岛;在接受基督教的圣经之前,本色列岛的人们对犹太人的上帝已然熟悉。馆长没有透露,在基督教成为民众的主流宗教之前,本色列岛的大多数人遵循何种(如果有的话)宗教。本色列岛的名字是科学与国家之间关系的象征。这两个希伯来词语表明,本色列岛源于和平、安全和完整,而非这些事物经由本色列岛产生。安全、和平的环境是本色列岛这类社会的必要前提。在本色列岛,这些事物的源泉要么是自然科学,要么是政治科学。所罗蒙那及其在所罗门之[77]宫的继承者操控着社会环境,以便让水手们看到繁荣、幸福的状态。

讲述者首次询问本色列岛如何逐渐知晓基督教。他问道,什

---

① 《新大西岛》,第258页。

么样的使徒来到他们中间,他们又是如何开始转变。馆长高兴之处在于这个问题显示了水手们"首先追求的是天国"。① 馆长引用了圣经的一个段落《马太福音》6:33,来讨论两件事情:谦卑和信任。对于培根的计划而言,它可能有几个方面的重要性。相关段落显示:

> 没人能够一仆奉二主。要么你会憎恨一个、爱戴另一个,要么你会致力一个、鄙视另一个。你不能同时侍奉上帝和金钱。所以我告诉你,不要担心你的生活,吃什么或喝什么;或者担心你的身体,穿戴什么。生活不只是食物、身体不只是衣物吗?看看空中的鸟儿;它们既不播种也不收获、或者在粮仓储粮,你们的天父尚且养活它们。你不比它们更有价值吗?你们中的任何一人能够用担心给生命增加一个小时吗?所以不要担心,说"我们吃什么?"或者"我们喝什么?"或者"我们穿什么?"所有这些异教徒追求的东西,你们的天父知道你需要它们。但首先寻求他的天国和他的正义,所有这些也都会给予你们。所以不要担心明天,明天会担心它自己。每天都有自己足够的烦恼。②

这个段落鼓励基督徒不要追求物质财富,而是相信上帝会满足他们的物质需求。这种观点会受到培根的诅咒。他的科学寻求征服自然,让人们能够做出神一般的丰功伟业。它是一门不断探索的科学,不断超越着可能的界限。在培根看来,人对世俗命运的被动接受并未导致任何伟大的精神纯洁;当面对饥饿之时,甚少有

---

① 《新大西岛》,第258页。
② 《马太福音》6:24—27;31—34。

人能够展示道德力量。培根不会鼓励科学家去相信,当他们有能力供给自己的时候,上帝会供给他们。

在这个场景中,如果馆长是培根的代表,那么他对水手们寻求天国的赞美充其量是背道而驰的。欧洲人展现出传统基督教所重视的特征,却受到培根科学的鄙视。从另一方面而言,这种被动类型在科学家那里无甚用处,却在科学获得公众和政府的接受中必不可少。倘若科学能够为公众提供身体舒适,那么公众就会视科学为上帝的工具。"做上帝的工作"这个想法稍微有了点新颖的内涵。假使科学被视为荣耀和帮助上帝的计划,而非挑战上帝的权威,那么它就有机会在非科学家人士中寻得支持。

馆长告诉水手们,大约是耶稣升天后的 20 年,仁福萨城(Renfusa)的居民(位于本色列岛东海岸的城市)在一里以外的海上看到[78]一个光柱。那个晚上多云而寂静。仁福萨是希腊词汇仁(rhen)和浦西斯(phusis)的结合,意思是绵羊般的。[①] 重要的是,城市之名来自希腊语。希腊名较之希伯来名具有不同的内涵。希腊语是可供《新约》使用的原始语言,它预示了基督教即将来临。仁福萨城的居民可能都是耶稣信徒。名字可能也表明即将到来的事件在某种程度上与哲学有关——哲学家不会效仿羊群。

光柱顶部是个更为光辉灿烂的十字。仁福萨城的居民驾着小船去一探究竟,但却不能接近距离光柱六十码的地方。船只可以在周围活动,但是不能靠近。馆长说所罗门之宫的一个贤人恰巧在船上的人群之中。所罗门之宫的科学家会在仁福萨城,这很奇怪。所罗门之宫的元老已经十年以上未曾到访过水手们登陆的这

---

① 《新大西岛》,第 258 页。

座城市了。看来,科学家的这种拜访很罕见。人们一定好奇,贤人在场是否是种巧合。同样值得注意的是,来自所罗门之宫的人被称为"贤人"而不是哲学家。①

在接近光柱之时,贤人跪下开始祷告。贤人显然是在向犹太教和基督教共有的神祈祷,尽管基督教之前在岛上并不存在。要么这个贤人是个犹太人,要么他有某种方式知道哪位神对这个奇迹负责。贤人在祷告的第一句话中提到了基督的恩典。② 他声称,上帝希望所罗门之宫的成员知道宇宙的秘密,并且辨别清楚真正的奇迹和幻象。必须注意的是,没有任何世俗的权威给予了所罗门之宫这个权力;在启示宗教被引入社会后的瞬间,他们从天启中获得了它。除了科学研究者的作用,所罗门之宫的成员还发挥了宗教权威的作用。

贤人将上帝创造的工作分为如下类别:神圣的奇迹,自然的创造,人工的产品,欺诈和幻象。③ 科学家显露区分这些东西的权威。贤人宣称光柱是个神圣的奇迹,并且说所罗门之宫的成员从书上了解到,因为上帝不愿意违反自然规律,所以如果没有伟大的目标,上帝从不显现奇迹。④ 上帝的工作大多在自然界规律范围之内,但当他有所选择之时也能够超越它们。这同样是培根之科学的目标。在《伟大的复兴》中,他写道:"由于因果之链不能够被任何力量松开或破坏,所以除了遵从自然规律,人们也不能够命令自然。"⑤ 知晓自然规律可以使人把它们推至极限。在某种程度

---

① 应该指出的是,"科学家"这个词直到1835年才创造出来;在培根的一生中,"科学家"一定指称的是自然哲学家。在我的分析中使用科学家这个术语,在于交代给现代读者一个清晰的写作目的。
② 《新大西岛》,第259页。
③ 《新大西岛》,第259页。
④ 《新大西岛》,第259页。
⑤ 《伟大的复兴》,第32页。

上,以这种方式推动自然的能力会产生看起来不可能的结果。[79]贤人以向上帝祈求解释和运用奇迹的力量而结束了祷告,它注定是种用于繁荣的工具。

祷告之后,贤人的船得以接近光柱,在他靠近之前,光柱放射出满天繁星,然后消失了。留下一个小的约柜,漂浮在水面上,一点没被浸湿。约柜的前端生出一支棕榈。约柜自动开启,贤人发现包裹在亚麻布里的一部书和一封信。这部书据说包含着所有(新旧约的)经典书籍和启示录。① 馆长震惊地宣称当时还未写出的新约各书也在这部书中。从叙事的角度而言,现在还不清楚为何在耶稣升天之后,本色列岛会这么快就皈依了基督教。培根本可以把他们在故事中的皈依推迟到整部圣经写就之时。他在暗示本色列岛的这部书是个真正的奇迹吗? 如果是这样,那么上帝已经将他们挑选出来作为人中最义的,会特别留意。这似乎不是十足的基督教观点。正如温伯格令人信服地指出的那样,所罗门之宫为制造这个奇迹负责,②那么培根便暗示了所罗门之宫的成员撰写了圣经的这些书籍,然后把它们散布到欧洲。毕竟,欧洲人最终了解了为本色列人所获得的大部分书籍。

信来自巴多罗买(Bartholomew),是据说已将福音传至印度和亚美尼亚的使徒。巴多罗买殉道后被宣布为圣徒,他的奇迹都是关于物体重量的改变。它们是违背物理学定律的奇迹。土著本色列人,希伯来人,波斯人和印度人在那时都住在本色列岛。每个人都能够阅读这部书和这封信,好像它们是用他们自己的语言写就一般。本色列岛的本土语言在整部文本中甚少提及。这可能是因为当地居民出现时只说水手们的语言。水手们还没有被信任到

---

① 《新大西岛》,第259页。
② 温伯格(1989),第17—18页。

可以学习岛上的本土语言。

馆长把奇迹的这个方面比作原始的语言天赋。① 在自己的母语中阅读或听到福音似乎影响极大。它强化了赞同一个事件神圣起源的观点,它让个体更可能听到和接受这类信息。培根将这方面的奇迹包括在内,强调了需要根据目标受众的情况与之进行沟通交流。如果认为交流者了解他们,各色人等才更有可能相信这样一个人。培根用英语写就了《新大西岛》,这是英国普通民众的语言,而非学术性的拉丁语。他用一种语言和公众分享了新科学的美景,设计得较之其他作品更能够为广大读者所接受。

比较本色列岛的转变和洪水期间诺亚(Noah)遗迹的救援:二者都为约柜所拯救。② 一旦馆长做出了[80]这个比较,一个使者就现身把他请走了。似乎不仅是谈话本身受到观察,而且馆长话题接近了有争议和受禁止的范围。在本色列岛,神之复仇的问题必然是个最好回避的话题。温伯格认为本色列人只需要虔诚去宽恕那些在追求科学过程中犯下的罪行。③ 也许任何把本色列岛和洪水之前世界堕落进行对比都是不受欢迎的提示,提醒本色列岛的科学实际上构成了对上帝权威的挑战。科学家们明显不相信神之忿怒会降临在他们头上(否则他们大概会终止工作)。但从来不清楚的是,科学家们是否相信神不存在,或者仅仅是对人类事务不感兴趣。

本色列岛的风俗

尽管支配《新大西岛》的规则并未明确显现,但本色列岛的一

---

① 新国际版,《新约·使徒行传》2:1—16。
② 《新大西岛》,第259页。
③ 温伯格(1989),第23页。

些风俗要么已然展现,要么描绘于水手们面前。这些风俗为关于该岛治理和本色列岛民间社会的状况提供了说明。《新大西岛》的读者从呈现在水手们面前的两个风俗可以推断出本色列岛更多的政治文化:家宴和乔宾描述的婚姻仪式。怀特认为培根关注两种社会:一种是受到科学统治的社会,另一种是为建立科学统治所必需的社会。① 本色列岛意味着受科学统治的社会,但本色列岛的文化也必然是支持科学统治的文化。

知晓了本色列岛的历史和秘密之后,水手们以自由人的身份消磨了一周时间。他们不再担心自己的"彻底毁灭",②于是日子过得很逍遥。讲述者选择的词语传递了两个含义。水手们不再害怕本色列岛的权威会草率地处死他们。但他们似乎也对本色列岛的正义深信不疑,他们不再忧虑居住在本色列岛会导致永远的诅咒。虔诚一再被认为是本色列岛及其民众的主要特征。然而无法尝试去界定虔诚;本色列岛的基督教与讲述者的欧洲基督教明显不同,这一事实并未得到阐明。本色列岛的虔诚也可能各有不同。家宴展现给读者,本色列岛文化建立在熟悉的词汇和短语上,但在这些熟悉的修辞背后存在着非常奇怪的理念。

家　　宴

这周的某个时间,我们中的两名水手被邀参加家宴,"这是一个非常普遍、虔诚和庄严的风俗,说明[81]这个国家里存在着一切美德"。③ 这种风俗奖励生育,而非美德或者甚至是有德行孩子的产生。温伯格指出,"本色列岛,后来被描绘为'世界的童

---

① 怀特,第12页。
② 《新大西岛》,第262页。
③ 《新大西岛》,第262页。

贞女',但事实上致力于人体的保存和繁衍,从而致力于伴随着人体的生育达至最强烈的快感"。① 但温伯格和培根都没有能够提供解释,即为何本色列岛需要新公民的恒定供给。并非奖励政治领导或经济繁荣,王国奖励那些人,后者提供给它……战士？实验对象？食物？本色列岛为何如此看重生育从未得到明确说明；实际上,一个禁止移民的岛国应该很谨慎地控制人口。显然,本色列岛的死亡率高。风俗被看作虔诚和可敬,因为它庆祝的显然是那些人类最自然的冲动——性的吸引和生育愿望。温伯格认为,"培根关于现代科学的学说最终是关于在征服自然过程中的人际关系"。② 家宴对交配乐趣的强调在品性的卓越之上,它将爱欲降至性的程度。③ 通过嘉奖履行自己自然冲动的人们,本色列岛维系了一定程度的和平。没人被要求深刻思考或者勇敢行动,纵情性欲让人成为社会上有价值和受尊敬的一员。本色列岛民众确信他们对身体快乐的追求既自然又虔诚。

　　家宴代表了与苦行式科学截然相反的那个方面。在智力发达的科学家和持续繁衍的大众之间没有明显的一致性。讲述者不曾知晓科学家是否有家庭,但他们长时间的缺席和全心投入研究之中暗示他们不会拥有家庭。在本色列岛运作的力量也许已经发现了一种通过极端去平衡彼此的方法,但在两个阵营中都找不到适度。在自然界中,这些欲望必然次要于对早夭的恐惧,霍布斯把后者界定为人类生活中的主要动力。④ 在本色列岛的文化中,对暴力或疾病致死的恐惧并不是个重要因素,这种观点很有说服力。他们的科技已经大大降低了早夭的可能性。在所罗门之宫的科学

---

① 　温伯格(1989),第 24 页。
② 　温伯格(1989),第 14 页。
③ 　温伯格(1989),第 24 页；明科夫,第 114 页。
④ 　霍布斯,第 74—78 页。

家努力征服死亡的同时,生命的创造受到庆祝和鼓励。从逻辑上而言,本色列岛不应该持续不断地增加人口。

家宴标志着本色列岛公民能够拥有的最高美德,即(男性的)生殖力。如果一个人的 30 名儿孙全都健在,而且都在 3 岁以上,就由国家出钱为他举办这种大宴会。这意味着 30 个儿女还是 30 个儿孙相加,这点尚不清楚。这人被称为铁尔山(Tirsan),源自波斯语,意思是胆小或害怕。① 受到庆祝的人被标记为害怕。为什么这位父亲被认为是胆小呢?为什么王国[82]会为胆小庆祝?这些问题没有答案。不过,家庭在传统上被视为女性美德的领域,政治或战争才是男性美德的领域。本色列岛的男性通过家庭成就来追求荣耀,这一事实对于古代斯巴达人和罗马人而言似乎有些奇怪。培根也许承认了这种风俗的怪异和反常。

自然秩序置父亲的权威于家庭之上。尽管讲述者表明,本色列岛对这种"自然"权威表现了极大尊重,事实却迥然有异。② 父亲只是在家宴这样罕见的场合被赋予这种权力。在其他时间里,家庭成员之间的纠纷如何解决?谁来谴责恶行?谁来制定关于财富和婚姻的法令?父亲一辈子只被赋予这样的权力一次,而且只有在国家明确许可、统治者代表在场的情况下。国家为宴会制定规则,资助宴会,出让其权威去实现父亲的意愿。宴会的整个想法是对家庭自然秩序的嘲弄。它是传统观念的象征性庆典;它提醒每个人,国家在本色列岛拥有唯一有效的权力。

铁尔山选择一个儿子与其共同生活,这个儿子后面被称为葡萄藤下的儿子。狄俄尼索斯,酒和狂热激情之神,必定要服务于国家。③

---

① 温伯格(1989),脚注 171。
② 《新大西岛》,第 263 页。
③ 朗佩特,第 54—55 页。

这个儿子的家庭和职业没有提及。作为葡萄藤下的儿子是否仅仅是种仪式荣誉，还是期望他倾其全力照顾父亲，这点并不清楚。一个使者呈献了包含着国王敕令的卷纸文件给铁尔山，把金钱、特权、特免权和荣誉赐给这个家庭的家长。文件称呼道，"给我们最可爱的朋友和债权人。"①公民是国王的债权人。他们的激情为本色列岛孕育了果实。与其说是财富，不如说似乎他们给国家增添新的臣民。人们不禁再次发问，这种多产生育的目的何在？

敕令上的印章是国王雕像，是帝王取代所罗门之宫的元老成为国家元首的罕见情况。敕令是根据这个家庭的人数和荣誉而量身定制的。即便是在家宴上，财富和地位在本色列岛也很重要。当铁尔山接受敕令之时，所有在场的人赞颂"本色列的人民幸福无疆"。②幸福是本色列社会的终极目标；它是所罗门之宫工作背后的目的。科学家也许拥有对智慧的热爱和征服自然的野心，但他们也努力增进人民福祉。人类幸福为所罗门之宫所引导的科学不断突破边界提供了正当理由和道德基础。

讲述者注意到本色列岛有着优秀的诗歌。一个建立在科学之上的社会也会擅长于诗歌。通过唤起情感反应的图像，诗歌得以获得真理。它既反对又弥补了[83]哲学和科学的不足之处。人类永远无法完全抑制情感，试图这样做会极其困难。③培根运用了诗意形式表达其科学-政治的美景，他同样了解诗歌的重要作用。当然，人们必定质疑描述词"卓越"的运用。本色列岛的诗歌可能是因为表达了人类存在的某些真理而卓越，也可能是因为有效实

---

① 《新大西岛》，第263页。
② 《新大西岛》，第263页。
③ 这个观点被柏拉图在《斐多》和《酒神的女伴》中的欧里庇得斯弄得尤其清楚。

现了政府确定的目标而卓越。柏拉图有个著名观点,认为诗歌必须受到高度管控,以防止关于神祇的有害思想在城邦里扎根。在《理想国》的城邦中,诗歌的目的在于教导公民虔诚。① 从另一方面而言,希腊历史诗歌则充当了公众的宣泄渠道。这表明了爱欲(eros)建造和摧毁整个文明的力量。

仪式遵循非常严格的时间表,同时提供了另一个例子,即这种庆祝活动如何让人短暂告别科学社会中的日常生活进程。晚餐后,大家唱了赞美诗;赞美诗各有不同但都赞美亚当(Adam)、诺亚和亚伯拉罕(Abraham)。主题选择具有倾向性,因为亚当、诺亚使世界上人丁兴旺,亚伯拉罕则是"信徒之父"。赞美诗以感恩救主的诞生而结束,因为只有救主诞生才使一切人的诞生有福。值得注意的是,亚当、诺亚和亚伯拉罕并未因为其非凡的信仰或成就受到赞美,而是因为他们的生殖力受到赞美。铁尔山以天父、和平使者和圣鸽的名义祝福他的全体后裔,祝他们在人生旅途上长寿和幸福。这个祝福引用了《创世记》(Genesis)47:9,描述约瑟夫(Joseph)如何把父亲和兄弟从饥荒中拯救出来,迁移到埃及法老的土地上。神的仆人只因接受外国统治者的权威和慷慨而得救。也许在本色列岛,家长允许儿子们接受"不自然的"事物秩序。

家宴以一种夸张因此明显不自然的方式,庆祝家庭的自然秩序。如果传留这些后代的那一位母亲,她就坐在一个有暗门和雕花窗户的隔间里。她不会在宴会上为任何人所见。父亲的生殖能力受到祝贺,母亲的却明显被隐藏。当人们认为——如果父亲的成就是由多位母亲造就的,那么她们就不必隐藏——的时候,这种怪异得到了强调。只有当母亲的成就与父亲的匹配,这种隐藏才

---

① 《理想国》,376e—403c。

得以显现。妇女在家宴中显示出占据着次要角色,但婚姻习俗表明,在本色列岛文化的许多方面,平等存在于男女之间。父母权威可能是自然的,但是本色列岛的科学致力于克服自然的局限之处。自然不能完全克服,可本色列岛的统治完全改变了[84]家庭的自然秩序,正如任何超越了部落的统治。

除了在关于婚姻和生育的段落中,讲述者没有评论妇女。除了所罗门之宫的元老小心翼翼指出他们雇用作为侍者和随从的既有男性也有女性,这本身并不值得注意。① 女性据说并非受聘为科学家,假若我的观点正确,即科学家缺少家庭,那么我们可能刚刚了解到爱欲在所罗门之宫是如何受到控制。从柏拉图《理想国》收集到的诸多教训之一是,爱欲(eros)不可能通过立法得到有效管制,或者被从人类生活中完全根除。它是人类本性中不可避免又压制不了的力量。培根敏锐注意到了这种古人的智慧。如果本色列岛的确是个理想社会的模型,那么我们接下来探究的会是性欲如何受到管控。

乔 宾

讲述者在城市中的熟人都不是最卑微的那种类型,这揭示了本色列岛存在着一种阶级结构或某种经济悬殊。尽管城市的繁荣显然超乎想象,但却并非每个公民都拥有平等的财富。当然,财富是个相对的概念。最穷的本色列人可能比欧洲贵族还要富裕。除了一般意义上的繁荣,本色列岛实际的生活水准并没有得到描绘。而且,读者从未被告知,职业在本色列岛是受到指定还是自由选择。在柏拉图的《理想国》中,公民在阶级结构中的位

---

① 《新大西岛》,第82页。

置取决于天资和能力,可是一旦公民被指派到某个位置,这个位置就永久不变了。① 从另一方面而言,个人在欧洲阶级体系中的地位很大程度上取决于出生和婚姻,一场有利的婚姻能够把人升格为贵族。目前尚不清楚本色列岛效仿的是哪些例子,或者他们的情况是否完全不同。

本色列岛的经济显然是其文化中的重要因素。讲述者并未声称欧洲关于黄金和宝石的价值观念对于本色列人而言毫无意义,如同在托马斯·莫尔的《乌托邦》中那样。也未曾提及孩子们玩着红宝石或者奴隶们戴着金链子。② 光的商人从外国收集知识,大概是使用外国货币来完成他们的使命,但读者并未被告知本色列岛自身是否使用货币、以物易物还是以公有制作为商品流通手段。乔宾是个商人,显然是社会的重要成员。他买售何物并未明确交代过——他有可能是光的商人。所罗门之宫高度重视知识的获取。乔宾看来好像负责收集关于本色列岛文化和社会方面所有可能的信息。

[85]馆长说到同伴们保持着贸易,是"为了上帝首先创造出来的东西,那就是光:为了得到世界各个地方所产生的光"。③ 不过同伴们并未投身到知识的交换之中。所罗门之宫没有给予它汲取知识的国家任何回报,导致一些人把他们的旅程等同于殖民主义。④ 这可能是为何元老在结尾允许讲述者公布其故事的原因。兴许所罗门之宫最终向世界偿还了债务。需要注意的是,馆长混合了启蒙运动之光和《旧约》之光。他声称所罗门之宫寻求上帝最初的创造物,可光在《创世记》里被认为是自然之光。在《新约》中,

---

① 《理想国》,412b—417b。
② 莫尔,第76页。
③ 《新大西岛》,第59页。
④ 科尔克拉夫,第65页。

耶稣一再被称为世界之光。在两部圣经文本中,光都不意味着知识。它在前者那里意味着秩序和生活,在后者那里意味着救赎和恩典。但对启蒙运动而言,光意味着知识。在这些细节中,人们发现了启蒙思想和基督教信仰的融合。

乔宾是约押(Joab)的复数形式,后者是大卫王(King David)的侄子、大卫军队中的重要首领。① 意味深长的是,在《撒母耳记下》(Samuel 2)中一场大卫和扫罗家族的冲突中,约押被劝说停止寻求对其以色列同胞的复仇。内部争斗削弱了部族的力量;约押放弃其复仇的主张,支持大卫王统一以色列。乔宾据说是个受过割礼的犹太人,其名字的复数起源表明乔宾为所有犹太人、一种宗教和一个民族代言,这个民族在历史长河中保持了一种独立身份。即便在本色列岛,犹太人也保持了其宗教的独立性。不过,他们的宗教能够得到本色列岛其他人的宽容,乔宾似乎生活富裕而且受人尊重。温伯格注意到,具有讽刺意味的是,本色列岛的童贞受到与助长大卫王不正当欲望那人同名同姓之人的诠释。② 如前所述,乔宾的商人地位可能标志着他是科学家统治阶级的一员。这进而表明他在市场中的地位,乔宾极其关心公共事务。

乔宾再三从一个客观观察者的角度描绘本色列岛的文化,在描述中反复运用第三人称进行解释。③ 就其犹太美德而言,他已然是个局外人。据透露,他还非常了解欧洲文化,并且暗示,他和除了水手们之外的欧洲人有过交谈。这些情况得到的结论即乔宾去过国外,这再次标志着他是所罗门之宫的一员。朗佩特视乔宾

---

① 温伯格(1989),脚注 196。
② 温伯格(1989),第 14 页。
③ 《新大西岛》,第 265 页。当说到本色列岛风俗之时,乔宾使用的是"他们"。当提及他关于欧洲文化和风俗的知识之时,他使用的是"我"。

为雅典外邦人的典型,他离开了雅典,获得了外国的智慧,只要他不反对城市的风俗习惯,就得到许可作为普通公民度过一生。①乔宾明显拥有知识和智慧;他也避免了财富和权力的束缚,这些东西为社会上其他权威人物所拥有。

[86]乔宾似乎不是个自然科学家;相反,他被描绘为一个精通政治科学的人。假设我的观点正确,人们一定会问,为何乔宾生活在本色列人中间要伪装成一个商人?我相信这不只是他想过一种哲学私人生活的愿望。在《法律篇》中,雅典的外邦人假定,成熟城邦的每个成员都应该充当一段时间的商人。② 对于那些寻求统治城邦的人而言,了解其经济生活是一项基本任务。如果乔宾是个政治科学家,肩负着了解本色列岛政治生活的任务,他的商人地位便是另一个迹象,表明培根在其作品中始终挂怀着柏拉图的思想。

乔宾被比作欧洲的犹太人,他们"仇恨耶稣的名字,而对于他们居住地方的人民在内心里也怀有恨怨"。③ 本色列岛通过欧洲人的眼睛得以呈现出来,本色列人是否试图消除偏见还是利用他们,这点并不明确。一方面,犹太教是种常见的宗教,犹太人在本色列岛的存在能够提供一种与欧洲社会的共同感。另一方面,培根写作的时间很接近宗教裁判所的时间。某种类型的犹太教能够和本色列岛的基督教和谐共处,这表现了培根的另一个信号,即所有的宗教关切必须从属于国家运转。培根意欲保护哲学免受基督教压迫,这只有通过将宗教升华到科学-哲学的状态才能够做到。

除了热爱本色列岛,本色列岛的犹太人在信仰上似乎很不正统。乔宾坦率地承认,基督是处女所生,不是一个普通的人,并且

---

① 朗佩特,第51页。
② 《法律篇》,918d—918e。
③ 《新大西岛》,第264页。

上帝使耶稣成为领袖,来管理那些守护其宝座的天使。而且,乔宾称基督为银河(一条通往天堂之路)和救世主的以利亚(弥赛亚(Messiah)之前的先知),却并不尊称基督为神圣的陛下。① 讲述者对乔宾的话感到满意。不过,基督徒和犹太人之间基本教义的区别在于对基督神性之争。这种讨论让人想起培根对基督教的表现缺乏虔诚。② 只要教义不干涉政治或者科学的进步,宗教机构的结构和权威是非常有用的。

讲述者展现的基督教类型有可能代表了可见于欧洲普通民众之中的基督教类型,尤其是在那些并未高度重视阅读圣典的教派之中。讲述者知道自己宗教信仰的基本信条,但(显然)不清楚或者关注更为细致的教义。正是这种类型的无知或者灵活是培根所希望利用的。讲述者知道基督是被假定为神圣,但他不打算与赞美基督美德的人争论教义。即便这种赞美虚情假意。培根需要[87]灵活的基督徒,那些人能够做出尝试去变动和打破自然规律,并且视此种尝试为探寻上帝作品之伟大的举动。

乔宾声称本色列人是亚伯拉罕的儿子拿鹤兰的后裔(Nachoran),后者在圣经文本中很容易丢失。③ 乔宾也声称,摩西(Moses)秘密制定了本色列岛的现行法律。④ 讲述者并未注意到矛盾之处,但这明显与对本色列岛法律的描述相冲突,后者是由馆长给出的,他述说是所罗蒙那制定了法律。乔宾的主张服务于建立以摩西为首的宗教权威;所罗蒙那的政治权威仅仅是让摩西的法令有效。也许本色列岛的犹太人并没有像他们最初出现时那样被

---

① 《新大西岛》,第264页。
② 或者正如弗兰纳里·奥·康纳令人难忘地表达了这一现象:没有基督的神圣基督教堂。
③ 温伯格(1989),脚注200。温伯格列出了一些圣经经文,据说指的是拿鹤兰。他们实际上是指亚伯拉罕的兄弟拿鹤。
④ 《新大西岛》,第264页。

第四章 头脑和身体：批评本色列岛社会

同化。

乔宾还提到，当救主下降到耶路撒冷坐到他的宝座上时，本色列岛的国王就坐在其脚边，而其他国王却离开很远。讲述者驳斥这些说法为"犹太梦"。① 它们并非是受到反对的异端邪说，或者是颠覆历史的另类叙事，它们只是宗教派别的幻想。抛开这种梦想不说，乔宾是"一个聪明智慧、博学多能的人，而且非常熟悉当地法令和风俗习惯"。② 就智慧而言，政治明显与宗教分离。如果一个人在宗教上愚蠢却在政治上明智，那么这二者就不可能有着千丝万缕的联系。这种描述也突出了宗教问题：没有多少政治知识能够克服根深蒂固的宗教信仰。同样，哲学推理不能取代天启。政治智慧不一定产生宗教智慧，因为政治以理性为基础，而宗教以信仰为基础。政治哲学家必定宁可寻求在宗教的范围内运作，逐渐改变人们的信仰，而不愿试图从敌对立场消除或克服有问题的宗教信仰。

讲述者声称"如果世界上有面镜子值得让人的眼睛停留，那就是这个国家。"③温伯格援引镜子，意味着"卓越的典范"。④ 我认为必须考虑这种可能性，即培根指的是对镜子更加大众化的理解，作为真实影像的反映。这种反映能够展示出未经修饰的真相，或者受人操纵、扭曲的形象。除了使用的角度和环境之外，镜子的结构也会影响它所显示的图像。假使本色列岛意味着人类的一面镜

---

① 《新大西岛》，第264页。
② 《新大西岛》，第264页。温伯格理解"伟大的谋略"意味着政治智慧（温伯格（1989），脚注203）。然而那个解释一定是合理的，我相信具备伟大谋略的人可能也意味着乔宾是个有着重要政治权力的人。温伯格也把"见于"诠释为精通的意思。但若我视乔宾为一有政治权力的人，那么他的影响就可"见于"法律和风俗之中。
③ 《新大西岛》，第262页。
④ 温伯格（1989），脚注170。

子,根据人们所追求的东西,它会给人类展现不同的事物。虔诚的基督教,无拘无束的科学实验和经济繁荣在本色列岛和平共处——在一个细致读者的脑海中,应该会产生疑虑。人们也应该记得那耳喀索斯(Narcissus)[译注:水仙]的故事,当他被自己的倒影弄得呆若木鸡之时,也就丧失了性命。培根是在警告我们:本色列岛是个不可能有的、灾难性的梦想——一个人类将追求直到毁灭的梦想?

婚 姻 风 俗

[88]讲述者反复强调他对家宴"自然"的赞美,并且探讨本色列岛关于婚姻和生育的法律。他承认本色列岛明显向望高出生率,并且探讨一夫多妻制的合法性。乔宾回应道,"普天之下没有一个像本色列这样纯洁的民族,也没有一个民族能像本色列这样免于荒淫污秽,这真是全世界上的童贞女"。① 当然,贞洁是种相对的美德,在一种文化中的贞洁会是另一种文化中的放荡。如果本色列岛的性观念与欧洲的不同,并且本色列岛的更加贞洁来自于与人类自然冲动更为近似的观念,那么本色列人较之欧洲人便拥有更加自然的风俗,而非更为优秀的美德。问题出现了:以宗教为名控制人类的自然冲动是美德吗? 短语"全世界上的童贞女"也值得注意。本色列岛没有受到外界的影响,也不受历史的羁绊。像古希腊人一样,本色列人没必要与历史、传统抗衡,它们已经为外部影响所破坏。然而,与古希腊人不同之处在于,本色列人记住了他们自己被夸大、神话化的历史。他们并非一个永远年轻的民族。

本色列岛贞洁的基础取决于自我尊重,"不贞洁的人就不能自

---

① 《新大西岛》,第 264 页。

尊自重,一个人的自尊自重是克服万恶的首要条件,而且它的重要性仅次于宗教"。① 贞洁之善在于它教会人们尊重自己,而且这种尊重有助于抑制恶的冲动。所以放荡本身不是一种恶吗? 对本色列人而言,它只是与其后果有关的恶。这与基督教教义不同,后者认为贞洁之善在于身体是上帝的杰作,必须当作寺庙/借来的财产对待。基督教贞洁的核心保留下对上帝的尊重,而非对自己的尊重。根据乔宾的观点,奸淫之错在于它降低了一个人的自尊,而不是因为在上帝面前破坏了与配偶缔结的契约。本色列岛把基督教的道德准则铭记于心,却摒弃了道德规范背后的宇宙动机。这种思维方式与现代读者有共鸣之处——奸淫即便在世俗人群之中也受到谴责,因为它让确定血统成为问题,并且乱伦也会受到谴责,因为它会导致孩子在没有足够家庭支持的情况下长大。这些考虑导致人们得出与基督教禁令相同的道德结论,但它们却缺乏神明忿怒的力量。

乔宾曾经读过莫特·富凯(Motte Fouque)的《辛德瑞姆》(Sintram),是他阅读过的众多欧洲书籍中的一本。② 在《辛德瑞姆》中,一个角色想要看看通奸之神,一个肮脏丑陋的小黑人出现在他面前。欧洲人寻找丑陋和罪恶之人。[89]乔宾声称,如果那个角色想要看到本色列的贞洁之神(并不仅仅是贞洁之神),那么出现的一定是个纯洁美丽的小天使。想来,欧洲的书籍不会在本色列岛广泛传播。外部世界的详细见闻会激发公民的好奇心,好奇心又会干扰政府控制旅行的能力。乔宾受到足够的信任并获得足够的特权,可以阅读欧洲书籍,与欧洲水手交往却不会堕落,这进一步证明他已经拥有了外来智慧。他能够拥有纵欲放荡的知识,却

---

① 《新大西岛》,第 265 页。
② 《新大西岛》,第 264 页。

无需将这些风俗引入本色列岛的文化。

培根认为,把自然行为归类为罪孽,这是许多系统性内疚和停滞的根源所在——是影响其新社会发展的反作用力。其解决之道只是调整风俗和法律,以满足人类的自然冲动。基督教不是问题;它关于性之冥顽不化才是问题。培根的基督教会是一种更为"自然的"制度。乔宾认为妓院让婚姻在调节性行为方面变得无良和无效。他声称在欧洲和本色列岛,"结婚是作为不正当淫欲的补救办法,而正当的淫欲似乎是刺激结婚的一种力量"。① 可是在欧洲,妓女的唾手可得导致男性延迟或放弃婚姻。他的观点承认,本色列人确实经历过淫欲,包括不正当的淫欲。既然结婚是有效解决淫欲所引起问题的方案,可以推断,本色列岛的婚姻风俗与欧洲的不同。如果一旦两个人有了欲望就允许他们结婚,并且当淫欲得到满足就允许他们简单结束婚姻,那么淫欲就不会是个问题。柏拉图在《理想国》第五卷中提出了一个类似的解决方案。当然,在这种讨论中,人们必须始终考虑对话的讽刺性质(尤其是对话的片段)。

乔宾承认欧洲人结婚的确是为了获得子嗣,但说到对孩子的关注却比对自由的渴望次要。他假设那些随意播撒种子的人并不会极为看重孩子。乔宾的观点即妓女的出现降低了婚姻质量,这与其声称本色列人思想纯洁并不相符。他们的思想未受玷污,而非有德行。如果仅仅是妓女存在就足以连累整个社会的美德,那么美德的根基就不可能非常牢固了。本色列人没有卷入恶行,因为他们从未被给予这种机会。

乔宾接下来说到的观点是,作为防止更大罪恶的手段,这些恶行应该得到容忍:奸淫,破坏处女的贞操,不正当的淫欲,等等。参

---

① 《新大西岛》,第264页。

考《创世记》19:1—11,他认为这种辩护是荒谬的,把它叫作"罗得(Lot)的提议"。① 在这个段落中,为了防止客人被强奸,罗得将其还是处女的女儿交给一大群村民。他的客人据透露是上帝派来摧毁所多玛(Sodom)的两个天使,[90]作为对罗得之虔诚的奖赏,他们救了罗得及其女儿的命。罗得的故事提供了例子,虔诚和美德可能会分道扬镳。为了救客人的命,罗得愿意牺牲女儿的名誉和生命。罗得当然坚持了保护客人的风俗,但他全然没有阻止强奸,或者把自己交给暴徒。用一种罪代替另一种罪不会产生美德。

由此可见,用不同形式的性犯罪来作为替代并不能够使婚姻免于腐败。人类要么必须学会控制他们的性欲,要么必须改革婚姻以更好适应自然冲动。乔宾说过,不正当的淫欲就像火——你必须完全扑灭它。如果你给它一个出口,它就会越燃烧越旺盛。② 对于一个庆祝家宴自然性的男性而言,这是种奇怪的观点。就婚姻的管控而言,法律比自然更为重要。法律必须尽可能适应自然,但这并不意味着法律只应该反映事物的自然状态。乔宾的观点中内在就有改造自然的思想。

讲述者同意本色列岛之正义甚于欧洲之正义。他把他和乔宾的关系比作萨雷普塔(Sarepta)的寡妇和以利亚斯(Elias)。③ 以利亚(Elijah)([译注]Elijah 为希伯来语,Elias 为希腊语,二者所指为一个人。Elijah 在《旧约》中出现过,而 Elias 出现于《新约》中。《新约》的许多现代翻译使用了希伯来版本的 Elijah 以避免混淆,并且强调两个名字指向同一个先知。但也有人认为 Elijah 和 Elias 是两个人,摩门教使徒和神学家布鲁斯 R. 麦康基就为 Elias 区

---

① 《新大西岛》,第 265 页。
② 《新大西岛》,第 265 页。
③ 新国际版,《列王纪上》17:1—24。

分出了五种含义。)并未旅行到撒勒法(Zarephath)去提醒寡妇她的罪过,他是考验其信仰的。以利亚施行了奇迹——或者先进科学的成就——意在令她儿子复苏。讲述者后来知道,所罗门之宫的科学家有着同样的能力。他们试图发现和重建上帝的所有力量,包括奇迹般的力量。故事提供了一个例子,展示不明原因的力量能够说服普通人,有人正在做着上帝的工作。寡妇直到以利亚施了奇迹才完全相信他。

乔宾的叙述还在继续。他们("他们"的身份从未被透露)不准许一夫多妻制。他们规定男女初次见面之后,不经过一个月不许订婚或结婚。婚姻应当持续多久没有得到说明。在柏拉图的《理想国》中,婚姻可以持续到怀孕所需的时间——有时仅仅只有一个晚上。① 乔宾没有提及离婚。如果离婚是个必经的法律程序(它在《理想国》中并非必经),那么也可以轻易实现。如果两个人结婚没有经父母同意,那么他们继承遗产时必须支付罚款,这样他们继承父母的遗产不得超过三分之一。这不太可能起到强大的震慑作用,而且显然针对最为富裕的家庭。贫穷父母的子女不可能关注其遗产。来自富裕和显赫家庭孩子们的婚姻必然较之其他家庭的婚姻受到更为细致的管理。所有这些风俗都指向一种信念,即如果婚姻是重新设计以更好适应人类的自然倾向,那么婚姻就不会受到背叛或破坏。

[91]然后,乔宾提到一本欧洲书籍,在里面,要结婚的男女双方在订婚之前,准许彼此裸体观看。② 这本书要么是柏拉图的《理想国》,要么是莫尔的《乌托邦》。乔宾再次展现了他对外国文学和哲学的精通。他透露,本色列岛知道但并不喜爱这一风俗,但他并

---

① 《理想国》,459d—460b。
② 《新大西岛》,第 265 页。

未具体说明本色列人是否相信欧洲人已经采纳了这一风俗,抑或他们是否意识到这一风俗来自小说作品。毕竟,美德的讨论意味着在欧洲风俗和本色列岛风俗之间进行比较,而不是在本色列岛风俗与柏拉图、莫尔(讥讽)主张的风俗之间比较。讲述者在前面曾经提到,本色列岛有伟大的诗歌,但他们了解小说吗?本色列人受到鼓励去想象吗——他们知道外国,但其感受容易受到来自所罗门之宫报道的控制。乔宾的观点将柏拉图/莫尔的建议当作了欧洲习俗的代表。

　　本色列人不喜欢这种想法,即看到和自己订婚的人赤身裸体,因为他们认为在彼此有了这种亲昵的了解之后,如果订婚遭到拒绝,那将是一种侮辱。但他们同意,人们不应冒险去和身体上有隐蔽缺陷的人结婚。他们的贞操再次显示出与欧洲的典范不同,既然如此,读者可以看到,本色列的风俗在逻辑上是不一致的。取代彼此裸体观看的是,本色列人准许订婚夫妇中男方的一个朋友和女方的一个朋友各自看他们裸浴。每个城镇附近都有特殊的池子提供给这种场合,它们被称为亚当池和夏娃池。① 这些名字不仅暗示裸体和婚姻,还意味着清白之目的、善恶之知识。在欧洲人心目中,这种风俗被视为非常"文明"是令人奇怪的。如果一个人基于对另一个人身体的二手记录而拒绝婚姻,那么又如何减少这种侮辱?并且,朋友的观看又会激发何种欲望和嫉妒之情?在本色列岛,裸体未必有罪。乔宾支持这种风俗,表明文明是主观、圆滑的观念。本色列人相信亚当池和夏娃池的文明,故而他们也是文明的。

　　在选择配偶时,外表似乎是最为重要的因素,而非智力或道德上的适合。在本色列岛,身体方面的吸引出色地促进了婚姻的主要目标:生育。但若是离婚和再婚成为司空见惯之事,那么又用什

---

① 《新大西岛》,第265页。

么制度来养育孩子呢？乔宾未曾谈及这个问题。本色列岛的父母知道自己的孩子，他们出席家宴，并且得到庆祝。培根的作品中没有一个完全公共的育儿体系。柏拉图在《理想国》中对这一制度的描绘经常被援引证明对话的讥讽性质。培根[92]承认父母和孩子之间存在着不可逾越的纽带，这是在承认大自然无法征服。

当乔宾和讲述者谈论之时，一个穿着连帽斗篷"使者模样"的人来了。帽子隐藏，或者至少模糊了使者的身份。使者和乔宾耳语了几句，后者"受到命令匆匆离开。"[①]留下读者好奇是谁命令乔宾离开，以及他为何这样做。性观念和婚姻风俗的主题显然对本色列岛的成功很重要。这些事情是难以知晓，还是不适合与外界讨论呢？

结　　论

正如第二章中所讨论的，在《理想国》中，爱欲（尤其是性欲和家庭之爱）是实现柏拉图理想城邦的主要障碍。物质商品能够集体拥有，但甚少有人愿意放弃对配偶和子女的私人权利。野心、嫉妒、贪婪和骄傲都源自于拥有一个家庭，它们不能从社会中根除。培根意识到了这点。在建构本色列岛的过程中，他允许私人的家庭生活，并且庆祝生育达到令人惊讶的程度。然而，培根把放纵性欲的行为推向极端，证明了他的观点和柏拉图的一样具有讽刺意味。家宴的"自然"一点也不自然。本色列岛的公民把精力放在生育及随之而来的快乐上，而把其他一切排除在外。生育等于美德。显然，一个以国家利益为代价只沉迷于生育后代的民族，将无法具备自治能力。

---

① 《新大西岛》，第265页。

所罗门之宫的科学家大都能够平等相待,并且无需外部的政府管控而运作。他们能够有此成就是因为其致力于学术。从另一方面而言,本色列岛的民众似乎并未接受过任何类型的政治或者哲学教育。他们完全听凭科学家摆布,依赖于政府。哲人科学家的精英阶层和由育种机器组成的普罗大众,这种类型的划分在本色列岛与世隔绝的环境中运行良好。但当这个岛屿开始与欧洲接触时,这种充满活力的状态不可能还保持不变。只有所罗门之宫极其先进的科技能够确保其生存。即便如此,胜利的代价会很高昂。一个国家不可能保持对一项技术的独占。一旦做出了一项发现,它的知识就会传播,尤其是在一个自由贸易的国际环境之中。通过试图把本色列岛保持在一种停滞的政治状态之中,统治者确保了:民众将毫无准备去面对一个充满活力的敌人,或者与一个发展变化的盟友维系着平等友谊。如果培根的[93]科学美景——掌控自然,造福人类,并且持续扩展——变成现实,那么容纳它的社会必须能够对最佳政体和最佳政策做出明智的决定。

第五章 科学家的统治

[97]所罗门之宫是本色列岛社会的显著标志。它并非由官方管辖,但与王国统治密切关联。培根作为一个政治思想家,敏锐地对治理中的实际工作感兴趣,他利用《新大西岛》展现给读者,当科学家在进行有效治理的时候,会发生什么。文本支持了福克纳的观点,即培根喜欢胡萝卜甚于大棒。① 水手们出现在带有奢华和秩序的每个环节,并未采用明显的力量来维持上述秩序。② 但在驯服人类之时,强迫永远必要。人们一定会得出结论,要么是胁迫的威胁,并且昔日胁迫的记忆足以保持本色列岛公民的秩序井然,要么是所罗门之宫的科学家已然设法改变了人性。如果人类不再拥有骄傲、嫉妒、冷酷或者单纯的固执——或者这些品质可以得到绝对控制,那么仅仅是胡萝卜就已经足够了。消除人性的这些部分会导致一个有序的社会,然而它也会导致动态竞争的根除,后者是政治生活的核心。一个缺乏个人主义的社会可能会胜过一个被不公正压倒、被内战扼杀的社会,但它也无法在文化和军事上捍卫

---

① 福克纳,第88页。
② 福克纳,第248页。

自己,对抗一个受到智慧利己和公民美德引导的社会。

要了解本色列岛真实的治理,人们必须分清政府的两种职能:制定长期政策目标和维持每日秩序。岛屿的长期目标必须与所罗门之宫的目标一致。所罗门之宫需要在社会中存在,假若科学家必须完成自给自足所需的一切任务,那么他们就不能全身心投入到研究中去。本色列岛也需要所罗门之宫存在于他们目前安定和繁荣的状态之中。公民和科学家有着互惠互利的关系。不太[98]清楚的是,治理的哪个部分实际上构成了统治。如果所罗门之宫控制着有关外部世界运作的信息流,并且确定政府和民众可获取的科技的水平和类别,那么他们可以说是在统治。从另一方面而言,某种类型的独立政府必须监督公民的日常生活,收集税收,进行法律审判,批准公众行为,等等。如同在大部分的现代社会中,本色列岛的公民可能和低级别的官员之间有着较之和最高统治者之间更多的接触。

怀特和福克纳都认为,本色列岛虽然表面上是君主政体,但似乎是由高效、讨厌的官僚机构在运作。① 家宴以国王印章为特色,但实际有一个"政府官员"出席仪式以确保事情顺利进行。同样的,亚当池和夏娃池也可被视为充满了宗教、道德和秩序含义的复杂仪式。或者它们可以被视为一种极端例子,是当官僚机构制定政策时极其无效而又奇特的规定。水手们经常受到监视,那些和他们说话的人无疑服从于那个正在监视的权威。当水手们和所罗门之宫的元老各自到达本色列岛之时,市民们全体响应。他们的举动显得经过了精心策划,却没有任何证据表明权威人物给出了方向。要么政府有某种方式可以与民众即时进行交流,要么民众习惯于以固定模式回应某些事件。任何一种方案都证明了一个组

---

① 福克纳,第255—256页。

织良好、快捷有效的国家。

尚不清楚的是，所罗门之宫与国家有多少接触。元老透露，科学家们巡游了王国的各个城市，提供建议和技术。然而合乎逻辑的是，科学家一定想过研究政府的运作，以及公民对不同刺激的反应。毕竟，所罗门之宫的长期目标依赖于本色列岛的稳定，如同依赖于它的顺从一样。维持秩序之时，国家必须有效率；决定哪类政策最有利于实现目标是政治科学的目的之一。培根对形成现代政治学的思想作出了重大贡献。他在其作品中编织政治和科学话语的方式表明了一种信念，即自然科学是政治哲学的天然伴侣；这两个领域的研究共同形成了政治科学。政治科学也许不会像物理学那样彻底洞悉自然的秘密，但它能够帮助形成最有利于科学研究的社会类型。通过研究公众对自然灾害、宗教启示和各种风俗的反应，人们才能够了解如何最好地管理未来的各种反应。

为此目的，所罗门之宫需要政治科学家位列其中。如前所述，我相信那个人就是乔宾，一个不仅在政策问题上有见识、而且了解国外社会的人。不像物理学家，政治学家不能隐居在高塔之中或[99]地下室里度过他的生活。他必须生活在政治舞台上，也即是市场。政治科学家，尤其是政治哲学家，必须逃出洞穴，又必须返回。他必须试图去了解更高层次的东西，却把注意力转向世俗事务。他必须生活于社会之中，既是由于那是他习得自己必须知晓之事的地方，也是由于那是将其智慧致以善用的唯一途径。古代和现代的哲学都赞同这个观点；他们分歧之处在于，一旦哲学家折返洞穴之后，他如何必然与城邦之间建立联系。乔宾是个商人；他在本色列岛的居民和所罗门之宫的科学家之间商谈贸易。他带给科学家关于政治社会如何运作的知识，给予民众科学指导的利益。

不过，《新大西岛》却并非政治学与物理学交叉的完美写照。

温伯格指出,本色列岛与那种开明、理性和世俗的社会几乎没有什么相似之处,后者是为现代科学计划创始人所设想的。[1] 本色列人强调基督徒之虔诚和保守秘密,这与立足于经验事实之上的科学所统治社会的理念并不吻合。如果我的理论正确,如果本色列岛是个虚构的乌托邦,近乎于反乌托邦,那么乔宾与所罗门之宫的关系或者他与本色列岛的关系就有问题了。为了知道这个问题可能是什么,首先有必要考察所罗门之宫的目标、能力和结构。然后,科学家统治之中的缺陷才可能变得明显。

元老的出场

在水手们大约住了一个月之后,所罗门之宫的元老造访了这座城市。在12年里,城内没人见过所罗门之宫的元老。[2] 乔宾说元老的到来是公开的,但到访目的却保密。所罗门之宫的元老能够要求城市管理者接待,却无需透露其目的。读者再次感受到在科学家与国家之间的权力平衡。乔宾为讲述者和水手们安排一个好地方去看元老的入城仪式。他显然受到政府和所罗门之宫的重视,被纳入到关于陌生人的讨论之中。他与讲述者之间的友谊明显得到了政府认可。

讲述者极为详尽地描述了元老的列队而行。他是个中等身材的中年人,相貌清秀,并且"看上去很是宽厚仁慈"。[3] 目前尚不清楚,这一描述的重要部分是"宽厚仁慈"还是"看上去"。朗佩特认为元老的奢华外表象征着他缺乏真正的智慧。[4] 元老宽厚仁慈,

---

[1] 温伯格(1985),第27页。
[2] 《新大西岛》,第265页。
[3] 《新大西岛》,第265页。
[4] 朗佩特,第34页。

因为他在精神、智力和政治上高于民众；公开展示这种优越性违背了无数代哲学家的榜样。[100]他从社会而来，但并不与那些不具备科学价值的人交往。他同情他们，这就是为何他把科学实验转向减轻他们的痛苦。无论元老是否真正的哲学家，他不必隐藏自己的知识。

从另一方面而言，元老只是"看上去"怜悯众人。怜悯可以轻易掩盖蔑视。所罗门之宫的科学家并不像现代社会中的刻板形象，在当代社会，科学家被认为甚少关注外表和服饰，然而元老堂堂皇皇造访了。朗佩特视所罗门之宫的科学家为"驯服的代达罗斯"。① 培根对代达罗斯的记述将其展现为一个工程天才，却屈从于其技艺的黑暗潜质。通过从社会接受荣誉，本色列岛的科学家避免了这种诱惑。朗佩特认为元老珍惜自己高人一等的身份，以为公众福祉工作来维系它。若是没有这样的高度，本色列岛的科学家会无法克服嫉妒的本性。这种说法并非没有道理；不过，考虑到华丽展示对普通公民的影响，我相信它同等重要。所罗门之宫的成员知晓外表堂皇是种强大的工具。

元老以象征纯洁（白色服装）和宗教（主教的侍从和大主教的十字杖）的装扮出场。本色列岛的基督教形式并未以明显的方式背离天主教。同样的层次和结构依然存在，但本色列岛的宗教权威都服从于所罗门之宫的元老。虽然形式依旧，但就宗教问题而言，教会是权威所在地已经毫无意义。毕竟证明奇迹的是科学家而非牧师。

讲述者注意到，没有骑士伴随元老左右。似乎"为了避免一切喧闹和纷扰"。② 这是个对奇怪细节的浅显解释。额外的骑士似

---

① 朗佩特，第38页。
② 《新大西岛》，第265页。

乎不可能对这样井然有序的列队造成干扰。这项禁令将阻止任何人被视为和元老同样的高度。在车子后面尾随着全城商号负责人,温伯格确认是行业协会。① 商业和宗教一起受到庆祝。所罗门之宫将宗教和贸易融合到其科学尝试之中。它发现了关于自然的真理,把这种知识转化为各种有用的技术。奇怪的是,行业协会在本色列岛如此盛行。行业协会可以作为同类手工艺人碰头讨论新技艺和分享知识的组织。但它们也可以作为一种手段,组织对政府的投诉,建立共同的价格和标准。在一种运作完美的经济中,有人猜想行业协会并不必要。它们的存在是种承认,即在本色列岛的经济中存在着经济不公,或者至少是经济冲突。

[101]元老一个人靠坐在车子的蓝色丝绒靠垫上。脚下是各种颜色美丽的丝织地毯,好像是波斯造的,却精致得多。元老这个人负责无情折磨大自然,直到她泄露自己的秘密,现在却如同包裹在奢华中、被宠爱的贵族般展现在公众面前。科学家的头脑必须清晰、敏锐,甚至可能是禁欲主义的,现在却被完全遮蔽了起来。科学家的真正本质不是提供给公众消费;奢华的外表让他令人费解。

元老举起一只不戴手套的手,"好像是在替人民祝福,但是没有说话。"②讲述者评论街道上秩序井然。当元老祝福他们的时候,站着的人们组织得像列阵的军队。每个窗口出现一个人,"好像事先曾安排过一样。"③组织好的人群非常被动,兴许会执行如何行动的指示。假若这种展示是为了人民的利益,政府为何要安排人们呢?整个事件不如说是一场给水手们观看的表演?倘若乔宾值得信赖,那么就是本色列人视欧洲人为堕落和野蛮的——容

---

① 温伯格(1989),脚注 234。
② 《新大西岛》,第 266 页。
③ 《新大西岛》,第 266 页。

易被炫富所震慑。如果游行是真心实意为本色列岛的人们庆祝，就不可能是自发的；他们的庆祝经过了精心策划，他们的社会受到了严密控制。

尽管怀特认为本色列岛的公民展示了极致的礼貌，但我相信这一幕相当清楚地表明本色列岛出了问题。① 人们食物无忧，可是他们幸福吗？当然，对很多人而言，幸福完全可以由身体舒适和性习俗宽松组成。本色列岛的人们为奢华所包围，被鼓励多多生育。为了效力于政府或者所罗门之宫，哲学家和科学家脱离了社会，他们参加更为高端的活动，以排除参与更多的社会活动。温伯格认为，培根深知克服需要将会消除不公这一谬论。在有关性欲以及对罕见、美丽和伟大的渴求方面，人类生活是如爱欲般的。② 爱欲的两个方面创造了科学之局限，但是甚少有人理解为何它难以超越。温伯格雄辩地说道，"培根知道，任何克服身体需要的尝试，无论是经由过度关注它抑或过度将其抽象化，都仅是对上帝强词夺理的模仿，上帝并不理解需要"。③《新大西岛》是科幻小说的基本形式。科幻文学认识到科技的本质特征：它在现代人的头脑中根深蒂固，并且携带着潜在的可能性，让我们对自己的人性视而不见。培根的故事显示出，不受管制的科学能够成就什么，它也暗示出，在这样的世界里失去了什么。

元老的宗教权威为他能够祝福人们所证实。④ 就培根而言，宗教权威和科学技艺的结合是个大胆举动，并且提出了为何本色列岛的科学家[102]需要基督教的问题。⑤ 在本色列岛归化基督教之

---

① 怀特，第 146 页。
② 怀特，第 146 页。
③ 怀特，第 146 页。
④ 《新大西岛》，第 266 页。
⑤ 温伯格(1989)，第 19 页。

前，所罗门之宫也已建立。政治、宗教、哲学和科学权威是一个完备社会的所有必要元素。培根把所有这些不同的权力类型放在一个人身上，然而那个人显然不是暴君。或者所罗门之宫的专制是微妙的，或者培根计划中的某种事物允许科学进步和哲学智慧并存。也许所罗门之宫的元老类似于柏拉图的哲学王——只要另一个这样的人已然拥有权力，这个人就能够掌权。[①] 对讲述者而言，元老的外表与其智慧同等重要。本色列岛的奢华如同它的宁静一样令人觊觎，其公正性甚至从未被考虑过。欧洲人在遇到地位高的人时，会习惯于其礼仪和礼节。在水手们心目中，权力的出现极其重要。元老把手伸向他们，做出祝福的姿势。水手们从未质疑过元老赐福的能力。元老从未像外邦人宾馆馆长那样被明确界定为一个神父。然而水手们未置一词接受了他的祝福。

亲吻了他围巾的边缘后，除了讲述者，所有人都离开了屋子。讲述者受邀坐在他旁边，然后元老就用西班牙语对讲述者讲起来。[②] 这种从极其正式到非正式的突然变化产生了效果。讲述者没有跪在元老面前，而是坐在他旁边。他们在私人的场合平等交谈。国家的幌子落下了。正是西班牙语取代拉丁语的使用让人注意到元老的亲密方式。有必要详尽分析元老的谈话，以确定他的真实意图。

所罗门之宫元老的谈话

元老暗示讲述者，以请求上帝祝福"我的孩子"为开端。[③] 元老说他将赐给讲述者，"我所有的最大的珍宝……与'所罗门之宫'

---

① 《理想国》，540d—541b。
② 《新大西岛》，第266页。
③ 《新大西岛》，第266页。

的真实情况有关"。① 知识远比物质商品更有价值,因为既就力量而言也就技术而言,知识创造了获取物质财富的方式。这一声明的措辞表明,不仅对于欧洲人而且对于本色列人而言,这种知识是秘密的。如果讲述者获得的是真实讲述,难道其他人获得的是虚假讲述吗?

所罗门之宫真实情况的介绍由四个部分构成:1.创建的目的,2.运用于工作的措施和设备,3.所罗门之宫成员所担负不同的工作和任务,4.那里所遵守的法令和仪式。所罗门之宫确立一个目标,获得开展实验的方法,然后在成员之间分工,之后发展自己[103]带有宗教性质的习俗。成员之间并非完全平等,至少在成员与元老之间是有区别的。习俗意味着在几代人之间保证知识的完整,以及通过等级制度保持秩序。所罗门之宫不是一个哲学家集团。科学家们大概能较之人类普通群体更好地管理自己,但他们也不能完全没有规则的生活。

第一部分:目的

元老陈述道:"我们这个机构的目的是探讨事物的本原和它们运行的秘密,并扩大人类的知识领域,以使一切理想的实现成为可能。"②在文本中,这句话被分开了,它形成了一个独立的段落。所罗门之宫的目的并不是如同馆长所宣告的那样是荣耀上帝。上帝创造了自然界,但所罗门之宫试图发现自然规律,以及它们如何被操纵。他们追求与上帝平等的力量。重要的是注意到下面这点,即所罗门之宫的明确目的是影响世界;它既包括理论知识,又包括

---

① 《新大西岛》,第71页。
② 《新大西岛》,第266页。

实际应用。怀特认为培根在这点上与柏拉图是一致的,即最为高尚的生活是沉思的生活,因为这种生活最令人愉悦。不过,怀特坚称,沉思对于培根和柏拉图而言的含义有所不同。对柏拉图而言,思考的快乐基于对宇宙的惊叹,而培根的快乐更加近似于征服者的愉悦。① 怀特的观点有可取之处,但他没有指出两个思想家之间的确切区别:柏拉图对不可思议的整体表示惊奇,而培根则完全拒绝不可思议的想法。

同样值得注意的是,事物本原的知识被安排为所罗门之宫的主要目的。就理论上而言,知晓人类行为的原因能够让人准确预测社会上各种事件的后果。② 怀特坚称,霍布斯晚年尝试构想的政治科学一定被培根视为不成熟。③ 我认为他的观点低估了培根的柏拉图主义。尽管培根认为人们能够了解宇宙,但他知道,在我们知晓宇宙之前,科学需要发展到什么程度。培根的计划是对永恒的探索;他对有生之年完成这一计划不抱任何幻想。人类倾向于依据不完备的信息而行动,跳跃到未经证实的普遍性,被培根视为源自现代科学的最大危险。④ 科学家特别容易受到这种危险的影响,因为他们相信自己是在事实的领域中运作。试图以不完美的知识去科学地设计政治社会,这比承认人性中未知和非理性的因素更加危险。培根了解这点,所罗门之宫便是他对于可能结果的描述。

[104]同样重要的是注意到,元老谈及扩大人类帝国的边界,

---

① 怀特,第219页。
② 当然,必须指出的是,人类经常(可预见)是非理性的。不能理解这个特质是现代政治科学的一个重大问题。政治科学之不能或者拒绝承认人类生活中的非理性因素,这往往被归因于它接近自然科学的愿望,也是在研究培根和霍布斯时尤其需要解决的问题之一。
③ 怀特,第255页。
④ 《新工具》,第36页。

让一切理想的实现成为可能。通过自然科学对人类开放，这种可能性在理论上是无限的。然而，他的声明带有一丝警告之意。人们不能以一种没有结果的方式来寻求扩张人类的能力。斯蒂德认为，培根颠覆了亚里士多德对理论知识和实践知识之间的区别。①她进而断言，培根如此行事是对的，在依据未经科学探究所揭示的知识而行事上，人类会克制自己，这在很大程度上令人难以置信。一旦人们能够建造某种东西，那么它终将被建造起来。培根可能不知道现代科技去往何方，但他的确怀疑，人类经验在现代世界会发生根本性改变。一旦科技进展到一定程度，它就获得了自己的生命。人们不能"不创造"事物，即便是危险事物。元老对自己掌控科学的能力有足够确信。抑或他十足的政治掌控使得科学不是那么得危险了。

共和政体之中的科学不同于君主政体之中的科学。② 资本主义同样彻底改变了运用科技的方式。自由经济意味着技术会具备商业价值，并且新技术的发展至少部分会受到经济因素的驱动。不受经济动力约束的科学将听凭政府规章和利益的摆布。公众（合乎科学意义的淳朴大众）将选出政府官员，参与指导非商业技术的发展，这一切将会因为军事应用而受到持续的监督。在现代世界里，军事和利润是技术革新的孪生主人。科学本身如同哲学本身一样，甚少受到重视（也即是说，只受到从业者重视）。科学家不得不让自己变得有用以存活下去，这种做法之过甚至超越了哲学家。哲学家不需要慷慨的财政支持，哲学能够在自己家里，或者甚至在自己的头脑里进行。在另一方面，科学家需要设备，设备就会要求资助。没有实际应用却想茁壮成长在这样环境中，此种科

---

① 斯蒂德(1998)，第 231—232 页。
② 在民主国家里这些差异更为明显。

学的机会非常渺茫。

第二部分:措施和设备

元老接下来描述了所罗门之宫的所有才能。[①] 他先列出了科学家在地面上获得力量的方式。所罗门之宫有着各种长度的深洞穴,有些是人造的。有一些超过三英里深,是用在山底挖掘的技术使其成为可能。洞穴的深度由距离地面多远来决定,而不取决于在海平面下多远。洞穴用来[105]凝结、僵化、冷冻和保存各种物体。人类的身体被用作了科学工具。洞穴也用来仿造各种天然矿物、生产人造金属。金属的生产需要伟大技能,同时也暗示了炼金术。培根对炼金术相当感兴趣,把铁器转化为黄金的能力在任何社会都非常宝贵。[②] 确定炼金术的可能性一定是所罗门之宫最为优先考虑的事情之一。

洞穴也用来治疗某些疾病和供延年益寿之用,一些隐士选择住在那里。隐士们能获得一切必需品的供应,并且能活得很久。元老声称他们通过这些人学到了不少东西。他没有详细说明他们从隐士那里学到很多东西是否因为隐士是智慧的修行者,还是因为他们在隐士身上做实验。看来,这些隐士可能是所罗门之宫以前的成员;毕竟,陌生人不会被允许看到机构内部未经修饰的真实情况。

所罗门之宫也有高塔,最高的达半英里,但连山带塔的有三英里。自然和技术共同努力,扩展了可能的边界。所罗门之宫显然

---

① 《新大西岛》,第 266—269 页。
② 罗西(1976),第 23 页。培根是否曾经真正放弃了炼金术可能实现的希望,这点尚不明确。可以肯定的是,他相信科学最终能够将人类的寿命延长到类似于不朽的程度。

不可能建立比最高的山还要高的高塔；但山的优势也受到塔之建造的提升。塔形成上层地区。在上层和下层之间的地方是中层地区。塔用来暴晒（暴露给太阳），冷却，保存，天文学和气象学。居住在塔上的隐士观察科学家告诉他们观察的事物。高处和低处有很多共同的功能。元老并未声称从居住在塔上的隐士学到了什么。只有那些来自洞穴的人变得智慧了。这种划分暗示了洞穴寓言中的哲学家和阿里斯托芬（Aristophane）在《云》(The Clouds)中刻画的苏格拉底之间的差异。① 这两种哲学描述提供了政治哲学家和自然哲学家之间的区别。毕竟，满怀科学热望的培根意识到了政治智慧在社会中的首要性。

所罗门之宫非常关心水的使用，包括环岛的水流和公众饮用的水源。他们在海上的岩石和海岸上有前哨，意味着他们定然能够在任何人之前看到水手们的到来。元老透露科学家能够操控水流和风向，这让人确定，无疑是他们把水手们带到了本色列岛。科学家也开发了仿天然的人造井和温泉。奇怪的是，科学家需要在这方面模仿自然。这些井含有很多矿物质：硫酸盐、硫磺、铁、铜、铅、硝石。铁和铜不是天然金属，这意味着科学家必定能够制造这些金属。铁的生产要求[106]铸造；在自然的源泉之中不会发现铁。并且，铁和铜不会有助于那些饮用它们之人的健康。看来，所罗门之宫大概能够污染或者提高本色列岛的水供应而不引起任何人注意。

元老接下来讨论所罗门之宫对于生活、人类、动物和植物各个方面的力量。他们把有一种矿物和水混合起来，称为"天堂之水"，

---

① 洞穴寓言呈现出一个哲学家，他超越了谎言和尘世中的生命之链以便获得超越。然后，他回到洞穴，试图释放同伴。《云》把苏格拉底表现为专注于自然现象到了滑稽程度的人物。

对增进健康和延年益寿"极有功效"。如果简单混合一种长生不老药,所罗门之宫就能够延长人类的生命,那么人们一定会再次发问,为何生育在本色列岛受到如此高的重视?所罗门之宫科技的受益者自然不会出现人口的减少。此外,科学家们在什么时候发展了这种能力?所罗蒙那可能还活着吗?科学家是在真正意义上不朽、而不仅是通过其发现在比喻意义上不朽吗?

所罗门之宫对上帝的模仿在控制天气上最为明显。他们有建筑,在那里可以模仿所有天气:降雪,冰雹,降雨,霹雳,闪电以及青蛙、苍蝇和其他生物的生成。青蛙和苍蝇的生成让人想起了埃及在《旧约》中的灾难。埃及人受到折磨,因为他们的国土没有听从上帝使者摩西的话。灾难被当作上帝忿怒的标志而发出。所罗门之宫可以模仿上帝忿怒的物理表现,主要动机是因为希伯来人的虔诚。《旧约》中的上帝是个易激怒、爱嫉妒的神。人们敬畏他的力量,而非他的仁慈。爱在《新约》中成为上帝的决定性特征——恩典是上帝之爱的终极表现。不过,所罗门之宫的科学家也许从不需要上帝的恩典;如果他们能够在地球上长生不老,那么他们不必担心天堂或者地狱。并且,如果他们能够创造奇迹,那么在地球上他们和上帝一样强大。

科学家们有保健院,他们调节那里的空气,使之适合于保持健康、治疗疾病。他们还有不同的浴池,以使人体保持强壮,这让人想起了青春泉。[①] 延长生命显然是所罗门之宫的一个核心目标,这把他们放在了欧洲基督教信条的对立面。[②] 基督教允诺一个永恒的来世,交换一个人短暂生命中的虔诚和信仰。所罗门之宫会让来世变得毫无必要。他们在所有的自然界扩张人类的帝国,包

---

① 类似于青春泉的神话追溯到早至希罗多德的作品。
② 怀特,第191页。

括人性。正如温伯格指出的那样,如果能够克服人体的局限,那么人类会成为大自然的圭臬。① 科学家不想仅仅改变天气,或者把一种金属变成另一种。他们想改变人类生活的本质。由于对死亡的恐惧,人类在一定程度上受到了限定。这种恐惧几乎限定了政治社会的每个方面。假若人类不再惧怕死亡,会有什么样的后果? 国家必须掌控永生的手段。[107]如果永生成为可能,大部分人会为了实现它而做任何事。混乱会成为主宰。国家把延长生命作为奖励,分配死刑作为惩罚。

所罗门之宫有果园和花园,但他们并不关心风景的美丽。他们关心的是多样化。他们实验使得事物早于或者晚于季节,并且比正常情况生长得更快。他们还提高了所有水果的特性,既让它们味道好,也让它们供医学使用。所罗门之宫拥有控制自然循环的力量,这在异教徒宗教中占有显著地位。假若收获变得没有意义,那么人类的许多宗教、社会和政治习俗将在很大程度上是象征性的。元老说"我们通过技术使它们生长得比自然的更加高大"。② 人工能够改进自然——技术允许人们克服其本性。所罗门之宫还能够使植物生长出来而不需要种子,并且能使一种植物变成另外一种。他们能够从空无一物之中创造生命,这是对上帝权威的最大挑战。对现代读者而言,嫁接和杂交的技术较为普遍;在元老的描述中,这一技术类似于炼金术的植物学。

所罗门之宫在公园里养着许多鸟兽,观察它们的习性。他们做实验,解剖这些动物,以便他们"能够把得到的知识运用到人体上"。③ 他们发现了让动物没有重要器官还能够继续存活和让死

---

① 温伯格(1989),第 8 页。
② 《新大西岛》,第 267 页。
③ 《新大西岛》,第 267 页。

者复苏的方法。他们在这些动物身上实验各种毒素和药品,执行所有手术方式。这个段落让人想起苏格拉底的主张,即最博学的医生有潜力成为最有效的投毒者,正如最公正的统治者有潜力成为最残酷的暴君。① 这些实验的结果是,所罗门之宫能够无休无止地折磨动物和人类——他们可以摘除器官,实施手术,直至死亡——然后让死者复苏。元老坦率地说,他们对动物做这些事情,是为了能够获得什么能够施加于人体之上的知识。

所罗门之宫还能够让动物长得比正常情况之下的更大或者更小。他们能够使动物繁殖力增强或者失去繁殖力。再次地,鉴于这些能力,生育为何受到如此重视?科学家当然能够让本色列岛的人们极其具有生殖能力。也许他们已经这样做了——30个孩子由一个女人生育,已经是个相当大的数字了。他们对生育的控制包括让不同物种杂交,产生出可以繁殖的后代。在这点上,他们比上帝更为强大。上帝能够让马和驴子杂交,但他不能让骡子繁殖。这可能是因为物种混合有违上帝意志。如果是这样的话,所罗门之宫并不惧怕有违上帝意志。他们是比他更好的神。科学家还能够从无用的材料中制造出蛇、蠕虫、苍蝇和鱼类,时间早在弗兰肯斯坦(Frankenstein)博士[108]进行同样尝试之前。他们显然还没有进展到如此程度,即用此方法制造鸟类或者哺乳动物。所罗门之宫还有发展的空间,现代科学尚未完成。元老也谨慎地说,科学家并没有鲁莽地进行这些实验。他们知道在每一种情况下会产生哪种类型的动物。

接着,元老探讨了所罗门之宫如何在食物和酒类上进行的实验。这个部分的语气强调了他们先进的奢华,但这种操控也可能会转变为更阴暗的目的。所罗门之宫有面包房、厨房和酒厂,生产

---

① 《理想国》,332a—336a。

各种食物和酒类。这些食物设计得美轮美奂——描述它们的辞藻比描述其他发明的辞藻更为华丽。食物和饮料不只是为了实用的目的，它们是用来享受的东西。所罗门之宫知道它必须提供人们想要的东西。如果生活得不愉快，永生的意义何在？

讨论了对身体所做的事和身体必须摄取的东西之后，元老谈论了机械工艺的进步。所罗门之宫有机器专门生产奢华的原料：纸张、布匹、丝绸、纱绢、羽毛制品，等等。他们一定提供了元老和政府官员穿着的所有漂亮衣物。元老说到，这些发明中的部分是带给王国中的"大众用的"，有些是保留给所罗门之宫专用的。如果一项发明已经在全国普遍使用，所罗门之宫就只是作为模型或者原始实例保留它。这样，他们就把自己和王国中的其他人区分开来，让自己有别于普通大众。科学家选择哪些与政府分享，哪些与公众分享。

所罗门之宫还能生产多种类型的热，包括仿造的太阳热和天体热。他们实验改变这些热的强度，以达到不同效果。科学家能够模仿地球自身的创造。他们不仅带给动物生命，还创造了热。值得注意的是，太阳被确认为热的源泉，而非光的源泉。光永始终是知识。动物尸体、植物腐烂和无生命物体的运动也能够产生热。不同热源的分析让人联想到柏拉图对形式的探索，也即是，找到对热自身的理解。[①] 所罗门之宫似乎以类似的方式产生作用。他们对热进行分类，试图全面模仿它们，获悉在它们的效果上是否有所差异。

所罗门之宫也证实能够有效欺骗人类的感官。元老接着描述了说来古怪的"光学馆"。科学家在那里对所有光线和颜色做了演示。他们能够操控东西的颜色，并且把它们变成单一的颜色。他

---

① 《理想国》，595b—603b。

们也能够使光照射得很远。他们可以产生看似真实的错觉和假象。他们能从以前未知的物体上产生光。他们能够放大物体,[109]拥有强大的望远镜、显微镜和镜子。不应把这种对光的讨论仅仅诠释为欺骗人们视觉的力量,尽管它的确是那样。这无疑证明所罗门之宫制造了把基督教带到本色列岛的奇迹,并且再次引发了他们为何要这样做的问题。

把光作为知识的隐喻,是培根最始终如一的修辞工具之一。科学家有力量操控知识以及人们对世界的感知。不仅通过身体错觉,而且通过修辞技巧。正如前面所讨论的,培根的短文"论真理"断言,真理在烛光之中看起来最好,而不是赤裸真理的无隐无饰之光。① 科学能够揭示真理,但也需要修辞去让科学和真理却都能为公众所接受。实际上,华莱士认为在现代科学中,这种修辞是唯一可以接受想象力的空间。② 所罗门之宫的目的必须保密,作为增加上帝荣耀之努力。正如所罗门之宫能够操纵观众的看法,培根亦能操控读者的见地。

元老还提到,所罗门之宫有许多宝石和贵金属。值得注意的是,这种对美和财富的提及被放置在操纵知识和感官的讨论之后。本色列岛的财富一直吸引着水手们的注意力。作为科学的产物,财富和真理一样重要。

元老用武器的讨论结束了对所罗门之宫能力的阐述。科学家们有机器馆,在那里有各种各样的机器和运转工具。他特别提到了步枪,指出所罗门之宫生产的器械比这些都要快。他们能够很容易地制造这些机械。科学家们能够制造的武器比欧洲的更为强大和威猛。元老在此处专门说给讲述者听。他把讲述者确定为欧

---

① 《培根论说文集》,"论真理",第61页。
② 华莱士,第163页。

洲人,这是少有的场合之一。元老说他的武器是"比你们的更为强大和威猛"。① 在其他地方,他用的短语是"比那些正在用的强大";谈论武器是为了传达一个明确的信息。所罗门之宫有着较欧洲更加强大的军事力量,并且不会容忍欧洲人的侵略。所罗门之宫制造新配方的火药和火,后者能在水中燃烧、不会熄灭。他们的武器独特,适合于海上侵袭。他们在飞行和建造潜艇方面也取得了一些成就。他们拥有的装备可以让个人畅游很长距离。同样,所罗门之宫非常有能力发动海战;结合其能够依靠甚少食物存活很长时间的能力,他们成为理想的突袭力量。甚至比古代雅典人更加如此。

元老最令人诧异的断言之一是所罗门之宫已经发展了能够模仿人类和各种生物的机器人。②[110]人们一定好奇于本色列岛人们受到影响的奇怪行为。元老接着这句话的是个模棱两可的句子:"我们还有很多其他各种各样的机器,都制造得非常匀称、精美和细致。"③它是文本中显而易见缺乏特征的一段文字,而这个文本擅长于描写细节。如果一个人研究过牛津英语词典,可能"机器"的某种定义就等同于"傀儡"。科学家能够用多种形式模仿人类。

像任何科学或者哲学机构一样,所罗门之宫有着致力于数学的宫馆。它与那些致力于生产有形结果的房间分开。数学是抽象、纯粹的真理,然而数学馆却被囊括在讨论欺骗感官的部分中。所罗门之宫有着不同的房间致力于欺骗感官,但元老早些时候的描述清晰表明每个致力于感官实验的馆都能够产生幻觉。他进而

---

① 《新大西岛》,第 268 页。
② 《新大西岛》,第 269 页。
③ 《新大西岛》,第 269 页。

宣称,在后面这些宫馆中,假设这些事物被放置到更为广阔的世界中(似乎是魔法而不是科学),那么科学家就拥有了诸多看似欺骗了感官的事物。但这些宫馆是专门伪装东西的。元老声称道:"我们痛恨一切欺骗和说谎,所以我们严厉禁止自己的人行使骗术,如有违犯,就要被认为不名誉,受到罚款处分,因此,他们决不把原有的事情或者物品加以装点或者夸大,伪作神奇,而只是使人们看到它们的本来面目。"①这个段落强调的事实是,科学和政治在某种程度上必须分离。科学家之间禁止互相欺骗,却经常欺骗外行。科学进步不同于政治进步,它依赖于未经修饰的真理。为了以这些真理为基础,科学家必须能够重复实验。所罗门之宫的科学家必须接受高贵的谎言,但他们必须绝对警惕自己内心的谎言。②

第三部分:成员的任务

元老描述了所罗门之宫成员的各种任务,但尽管如此,还是难以准确计算出成员数量。例如,目前尚不清楚,"剽窃者"和"技工"是否为"光的商人"之成员,或者是否为所罗门之宫内部的独立团体。③ 鉴于组织目的,我会把他们与"光的商人"分开考虑。"光的商人"是外国知识的收集者。十二个成员用假名航行到外国去。他们带回世界各地的书籍、论文和实验模型。他们之所以被称为"光的商人",是因为他们收集知识,却无所回报。商人的头衔[111]表明为了共同利益,双方产生了交易。也许,从讲述者透露本色列岛的存在将会开始本色列岛对他们所收集知

---

① 《新大西岛》,第 269 页。
② 《理想国》,377e—417b。
③ 《新大西岛》,第 269 页。

识的偿还。

"剽窃者"由三个成员组成,他们"收集各种书籍中所记载的实验"。① 他们的任务类似于"光的商人",但其名字表明他们使用武力或欺骗获取事物。手段的差异可能让他们必须区别于"光的商人"。因为书籍经常能够自由买卖,所以它们是最容易获取的信息来源。兴许"剽窃者"关注的是危险或者禁止的书籍?在培根那个时代,许多书籍被宗教或者政治当局视为危险之物。"光的商人"不能轻易获得这些书籍。

"技工"是三个成员,收集"所有机械工艺、高等科学的实验和不属于艺术范围的各种实际操作方法"。② 艺术和科学之间的区别相当有趣。温伯格将培根的高等科学解释为高等艺术,但可能是另一种解释。③ 科学与艺术不同——在古代和现代思想中都是如此。在古典思想中,知识(科学)以纯粹真理为目标,而技艺(艺术)关注的是实际问题。高等科学与高等艺术之间很不一样。在培根看来,科学可能是为了艺术之故而进行的,使得知识的实际运用与知识自身一样重要。技工的名字也很奇怪。这个短语可指没有任何可预见的实际运用——换句话说,理论科学或者纯粹哲学。所罗门之宫的科学家有着先进技术和无限资金,也许能够从这些较少具有艺术的实践中创造出一门艺术。抑或,这可能表明,培根对实际运用的贡献并不像最初看起来那样绝对。

"先驱者"/"矿工"由三个成员组成,他们从事于其认为有用的新实验。他们大概是以"光的商人"、"剽窃者"和"技工"的工作为基础,但似乎在选择上有自主性。接下来,三个"编纂者"把其他人

---

① 《新大西岛》,第269页。
② 《新大西岛》,第269页。
③ 温伯格(1989),脚注331。

的工作制成图表。这样便于成员得出结论,在实验间建立联系。

三个"天才"/"造福者"研究同伴们的实验,看看从中能够得出何种技术。他们也观察实验,看看能否获得关于本原的理论性质、物理定律和物体性质的有用信息。他们致力于在实验中发现何为有用之物。这似乎是成员们最为重要的任务。这个团体的名字也很奇怪。"造福者"是个理性的头衔,大概所罗门之宫视自己为本色列岛、最终是世界的恩人。"天才"则不甚明了。也许成员们相信他们实验的技术优势[112]会为外部世界提供接受其指引的动机。技术不只是所罗门之宫给予世界的礼物,它也是对所罗门之宫自治的报答。

所有成员定期开会讨论之前团队的实验。三个称为"明灯"的成员从事于新的"更高级和深入自然奥秘的"实验。[①] 接下来,三个"接种者"执行"明灯"所指导的实验。接种这个词一般与疫苗联系在一块儿;注射病毒以防止更大的感染。温伯格指出,"接种者"也是个嫁接树木的人。[②] 他为了保护一个事物免受更大的疾病,就让它生病。他做的事情看似有害,但实际上对于有机体的存活却必不可少。为了改善人类的命运,他们折磨大自然。三个"大自然的解说者"把以前实验中的发现提高为更完善的经验、公理和格言。这是所罗门之宫里最近似哲学之处。

所罗门之宫有二十七个成员执行九种任务,还有许多学徒和实习生,意味着源源不断接替上述各种人员的职务。他们也有大量的仆人和随从(男女兼有)。元老从未提及所罗门之宫的元老们是个团体,但他被称为一位元老,而并非唯一元老。所有成员也许都被公众称之为元老。如果是这样的话,那么可以假定,所有成员

---

① 《新大西岛》,第 269 页。
② 温伯格(1989),第 342 页。

都被视为既是科学家又是神父。所有成员都参与了决定,哪些实验和发明应该透露给国家和公众。对于那些他们"认为应该保密"的东西,他们都宣誓保守秘密。① 他们相当信任国家而不是公众;国家受到某种程度的信任,大概是因为尊重所罗门之宫关于技术传播的决定。同样,科学家必须受到信任来保守其秘密的誓言;他们是有说服力的。真理并非完善无缺,缺少指导就不能让技术扩散。这是培根思想的关键之处,却为现代科学所忽视。当然,问题依旧是:一旦技术发展已然启动,如何对它进行控制。

第四部分:法令和仪式

元老谈话的第四部分是关于所罗门之宫内部的法令和仪式。所罗门之宫有两个很长的美丽长廊。第一个陈列着他们所有伟大发明的模型和样品,第二个陈列着主要发明者的雕像(大概是陈列在第一个长廊中那些事物的发明者)。② 表彰对于所罗门之宫的科学家而言是重要的。他们寻求知识,但[113]他们也寻求来自同行的荣誉。科学家并不卑微,也不缺乏骄傲。获得同侪认可也许是人性中令人棘手的部分。甚至是那些乐于在暗处进行统治的人也寻求朋辈之认同。

这些长廊致力于记录人类历史上最为伟大的发明,而不仅是所罗门之宫最为伟大的发明。③ 所罗门之宫的科学家必须与所有科学家竞争,才能够获得在长廊中的一席荣誉之地。元老说哥伦布(Columbus),罗杰·培根(Roger Bacon)/贝瑟德·什瓦茨

---

① 《新大西岛》,第269页。
② 《新大西岛》,第269页。
③ 《新大西岛》,第269页。

(Berthold Schwarz)(大炮和火药的发明者),轮船的发明者,文字的发明者,音乐的发明者,印刷术的发明者,天文观察的发明者,金属器具发明者,玻璃发明者,蚕丝发明者,酒类发明者,谷类和面包发明者,糖的发明者都在长廊里。这个名单令人印象非常深刻,因为绝大多数发明者不为欧洲人所知。除了哥伦布,元老没有凭借名字来确定任何人。① 因为本色列岛没有受到时光变迁的摧残,后者会周期性消除其他文明的记忆,所以他们的历史知识相对而言更为可靠。讲述者并未具体说明谁为现今对欧洲人的日常生活而言必不可少的每项发明负责,这一事实涉及了知识的脆弱本性,让人想起《蒂迈欧 克里提阿》中埃及历史和希腊历史之间在可靠性方面的差异。即便是科学之伟大也不能保证在人们心目中的永垂不朽。

也就是说,对于科学家而言,骄傲显然不是一个陌生的概念。他们的作品可能永远不会公之于众,但通过长廊,他们的成就被公认为等同于历史上最伟大的发明者。元老透露说,并非所有雕像都取自同一种材料。铜、大理石、碧玉、柏木、铁、银和金都使用过。发明者雕像所使用的材料正好象征了发明之伟大。接受雕像的发明家也被给予了"优厚和荣誉的奖赏"。② 元老并未详细说明这项奖赏的内容。有些可能是金钱、工作的选择或者有权作为"光的商人"一员离开本色列岛。成为一个隐居科学家的特权也是一种可能性。也许,如同在《理想国》中一般,以令人满意的婚姻奖励显著成就。③ 再一次地,元老未曾讨论是否允许科学家结婚,或者他们的孩子如何得到抚养。

---

① 《新大西岛》,第269页。
② 《新大西岛》,第269页。
③ 《理想国》,457d—461e。

所罗门之宫有"赞美诗和乐曲,每天歌颂和感谢我主和上帝有奇妙的创造;我们还有各式主祷文,恳求主帮助我们,赐福给我们,使我们的劳动岗位辉煌,成为神圣而有用的事业"。① 科学家肯定会认真对待宗教的权威和权力。他们可能不是无神论者,但他们定然不会信神。有证据表明,所罗门之宫的科学家认为就实际而言,人类能够成为和上帝一样的人。[114]上帝在世界上做的每件事,他们都能够发现和创造。因此,上帝的领域将会是来世。如果来世是可能的,它并不意味着人类必须在今生忍受不必要的痛苦。如果没有来世,改善人类生活的任务就变得更为紧迫了。

生命的延长意味着对来世的怀疑,或者至少是种非基督徒的恐惧。虔诚的基督徒没有理由恐惧来世,这会有助于他面对猖獗的疾病和贫困。他们能够在知识方面忍受这个世界的邪恶,因为更加美好的事情即将到来。当然,不必要的苦难是邪恶的,如果能够用科学来减轻苦难,那么它就是虔诚的。但是,一旦科学家开始在地球上实验永生,他们便开始挑战上帝的权威了。温伯格认为,培根的科学意在履行基督徒最重要的承诺,身体的复活和灵魂的救赎。② 他们探索的含义是双重的:人类能够拯救自己,这种生活比来世更可取。

元老最后透露,所罗门之宫巡视和访问全国的主要城市,并公布他们挑选过的有益发明。③ 在这些访问中,成员们就疾病、瘟疫、虫灾、饥荒、风灾、地震、洪水、彗星和气候给予自然/科学的解释。科学家给予人们如何进行防御和救治的信息。灾难确实降临

---

① 《新大西岛》,第269页。
② 温伯格(1989),第29页。
③ 《新大西岛》,第270页。

在本色列人身上——它不是个完美的社会。但似乎奇怪的是，上面列出的灾难会发生在一个隔绝的岛屿上。同样，读者不能排除的可能性是，所罗门之宫制造了这些紧急情况，目的是为了看到人们如何应对。所罗门之宫被奉为人们的救主，但人们构成了所罗门之宫最伟大的实验。我并不认为他们引发混乱以使人们保持软弱，但我的确认为这是检验其发明的有效方式。

讲述者的任务

布里格斯认为一俟讲述者开始知晓所罗门之宫的秘密，科学的力量便失去神秘性，并且"成为像死去的斯芬克斯那样平庸、无声的想象力"。① 这种观点表面上是不正确的，但说到了所罗门之宫的终极目的——上帝的非神秘化。对所罗门之宫全部实力的介绍令人神往。一旦我们知道如何战胜它，斯芬克斯确实失去了部分力量，可是斯芬克斯几百年来对西方世界的集体想象力仍然有影响。如果还有什么不同，那便是熟悉的错觉使得这种生物更加迷人。布里格斯还指出，"《新大西岛》体现并描绘了科学修辞，这是培根在其他作品中解释和运用过的"。② 元老的言辞[115]意味着呈现出所罗门之宫科学最为光彩、诱人的方面，它也意味着作为一种对抗欧洲文化的武器，为返回欧洲的水手们所采用。

谈话结束后，水手跪在元老面前。元老祈祷道，"上帝赐福给你，我的孩子；上帝也赐福给我们的会谈"。③ 他再次呈现出神父

---

① 布里格斯(1989)，第 174 页。
② 布里格斯(1989)，第 174 页。
③ 《新大西岛》，第 270 页。

的一面。然后,元老准许讲述者离开后发表他的谈话,"为了其他国家的幸福;因为我们是在上帝的怀抱中,在一个外人所不知道的国度里"。① 本色列岛突然希望为外界所知。所罗门之宫显然相信两件事情之中的一件。或者是欧洲社会已经进步到能够采纳所罗门之宫模式的程度,或者是欧洲的航海已经发展到如此程度,即是否隔绝成为极其困难之事。

温伯格、布里格斯和福克纳正确地认为普遍仁慈的义务是基督教和现代科学之间的联系。基督徒和科学家都有义务为人类服务。对于基督徒而言,这种义务来自于需要珍惜上帝的创造、模仿基督的善良。对于科学家而言,仁慈义务的起源更加模糊。也许它像把知识转化为实践的冲动一样简单。如果培根是正确的,即在现代科学的世界中,理论知识与实际知识之间的区别并不存在,那么科学家就有义务去发现他们能够发现的一切,其他人类则有义务尝试运用其发现去改善人类命运。通过教导科学家那是他们的义务,培根也设法抑制人类更黑暗的倾向。②

不幸的是,历史显示出来,普遍仁慈的冲动有时后果悲惨。当表面上整个人类的利益岌岌可危之时,个体常常丧失权利和自由。科学理性主义和宗教狂热已经证明,哲学和政治智慧仍然是世界上真实而又必要的东西。通过选择将其科学社会作为外国来进行描述,培根掩盖了本色列岛存在的真相,并且描绘了一幅现代科学固有的未来暴政的图画。本色列岛是陌生的,然而也很熟悉。假如像培根这样的思想家不能够应付,或者尽管他们尽了最大的努力,科技和慈善的可怕潜力却未能受到控制,那么它的悲剧可能就是英国的悲剧。

---

① 《新大西岛》,第270页。
② 布里格斯(1989),第237页。

元老留给讲述者 2000 都开特作为礼物,确认了讲述者所言,"因为他们随时随地都发出大量的犒赏"。① 人们一定把这个结尾和《克里提阿》的进行了比较,在那里宙斯准备宣布对亚特兰蒂斯的判决。《新大西岛》的结束不是一个霹雳,却是一笔贿赂。所罗门之宫的科学家了解政治社会的一个基本事实:真理是强大的,但金钱却必要。

结论:经济自由和政治统治

[116]《克里提阿》以宙斯准备惩罚亚特兰蒂斯为结局,而《新大西岛》的结局是元老允许讲述者把本色列岛曝光给外部世界。两个文本均以毁灭而告终。元老的谈话结束之时,承认了感激、关爱、商业和财富的重要性。只要科学家是唯一到国外旅游和从事商业的人,他们就能够定义本色列社会的界限和价值。若是欧洲卷入进来——宗教未经改革,有着不同的权力中心——本色列岛的人们将被迫面对其社会矛盾。所罗门之宫的元老好像相信本色列岛将塑造欧洲的未来,但似乎更有可能是,欧洲文化将在受到庇护的本色列人中间蔓延。所罗门之宫保留军事主导的优势,但倘若曝光了他们的科学,欧洲国家会努力追赶。所罗门之宫将无法控制如何使用他们的科技。

福克纳认为,在培根的作品中可以发现海军力量和共和主义之间的明确联系。② 海军力量促进了国际贸易,国家能够制定法律规范贸易,但财富的承诺和异国情调的奢侈品常常胜过报复行为的威胁。经济自由和政治、公民自由相应地联系在一起。正如

---

① 《新大西岛》,第 270 页。
② 福克纳,第 196 页。

宗教自由教给公民美德，经济自由赋予人们决定自己政治命运的手段和能力。在本色列岛，科学家是所罗门之宫海军实力的唯一受益者，他们也是唯一行使自治能力的公民。这并不是说，本色列岛的人们完全无法在团体中发挥作用。不如说，一旦所罗门之宫的科学家有过国外旅行的经历，任何人都不可能有效地主宰他们。

若是本色列岛全部曝光于外部世界，其统治必然会变得更为自由。科学家将不再能够控制信息流入人群中间，人们将被迫选择自己的道德观念。不幸的是，以这种方式施加的政治自由并不能保证人们拥有美德，或者甚至是被良好培养的理性。通过将其宗教、经济、政治和物理规则施加于本色列岛的人们身上，所罗门之宫可能已经有效摧毁了本色列岛扩大自己影响的任何机会。培根的故事表明，英国科学家在努力用科学美德说服公众的同时，必须多么小心地培养自由。只有在两个条件得到满足的情况下，他的计划才会奏效。第一个条件是，科学必须有德行；第二个条件是，当人们看到美德之时，他们必须能够识别。

第六章 科学、技术以及现代政治哲学的形成

[119]现代政治社会的起源与现代政治哲学的起源有着千丝万缕的联系,二者都与现代科学的出现有着关联。在一定程度上,可以说早期的政治思想家运用了新兴的现代科学方法来设计现代政治社会。至少那是他们的意图,因为诸如伽利略和牛顿一样的科学家提供了由全能的自然科学所界定之可能未来的一瞥。与历史决定论学者的看法相反,现代性的奠基人确切了解他们的企图。① 正如在第三章中所探讨的,马基雅维利重新定义了政治哲学和政治社会之间的关系,运用哲学来影响政治变革;通过把政治安放到服务于科学、科学安放到服务于人类的位置上,培根构建了他的蓝图。本章重点研究培根对他最亲密继承者的影响。与马基雅维利、培根一道,霍布斯毋庸置疑是现代思想最为重要的缔造者之一。霍布斯做了几年受培根青睐的秘书,他的思想显然受到了培根影响。我审视了他们的哲学联系,以及它如何导致了现代政治哲学的全面发展。培根和霍布斯都是公认的君主主义者,尽管有理由在这点上质疑培根的意图,他从未公开动摇过对英国君主

---

① 拉厄(1994),第5页。

政治的支持。然而培根和霍布斯,这两个与政治密切相关的思想家,却是一场运动的奠基者,这场运动最终导致了现代共和主义的发展。

正如我曾经指出过,培根为读者留下了指示牌,试图引导他们穿过现代社会潜在的泥潭。温伯格雄辩地说道,《新大西岛》"从古代乌托邦式政治哲学的立场反映了现代计划"。[①] 这一说法[120]意味着培根对古代和现代政治哲学家都有着正确的认识,许多评论者认为这种状态导致了对现代性的排斥。但无论培根心怀何种疑虑,他没有放弃现代计划。为了防止现代科学失败或者变得专制,古代知识必不可少。我对《新大西岛》的分析表明,培根大概预见到了政治自由在某种程度上关联着现代科学的可能性。也许现代科学只能为一个自由社会所完全接受,或者也许,自由社会的必要性在于防止现代科学变成具有破坏性的专制。

为了探讨这最后一种可能性,我转向了培根后来的追随者孔多塞侯爵。孔多塞对政治和革命的涉足为培根计划的内在危险提供了一个有力例子。孔多塞被视为他那个时代主要的哲学家之一,他热情拥抱培根的计划。他早期的职业生涯以对数学和百科全书(Encylopédie)的突出贡献为标志;后来,他以法国大革命主要人物的身份出现。孔多塞《关于新大西岛的片段》(*Fragment on the New Atlantis*)是其未竟之作《人类精神进步史表纲要》(*Tableau historique des progress de l'esprit humain*)的一部分,提出了模仿所罗门之宫的科学家社会。这个社会要比英国皇家协会更为热情和独立,完全独立于政府的指导,致力于科学所有领域的进步。孔多塞全然投身于进步观念之中。他相信现代科学为所有的社会问题提供了解决之道,它总有一天会带来人们的全面启蒙。

---

① 温伯格(1985),第 28 页。

他倡导人民自治、权利平等、对真理的世俗追求。《关于新大西岛的片段》之分析揭示了一种哲学倾向,致力于影响广泛的政治变革——恰恰是培根认定为最危险的那类人。

培根和霍布斯

如前所述,培根和霍布斯之间的哲学关系部分受到私人关系的影响。霍布斯作为培根的秘书工作了一段时间,据说培根很喜欢这个年轻人的陪伴。[①] 可以认为,培根影响了霍布斯思想的发展;问题在于这种影响是否意味着人们可以把霍布斯的作品视为对培根的评注。当然,在培根的科学社会之美景与霍布斯在《利维坦》中所介绍的新型政治科学之间有共同点。然而,在两位思想家关于现代科学对人类研究的适用性之间存在着分歧。培根没有明确展示法律和正义在本色列岛如何行使职责。政府是模糊的,[121]在文本的背景之中运作。尽管培根写了《培根论说文集》,把公民和道德的生活作为主题,但他从未公开尝试将现代自然科学的原则运用到新型政治科学之中。统治仍然是"隐秘不露的知识"。[②]

从另一方面讲,霍布斯的《利维坦》科学地考察了人类行为的起源和政治社会形成的动力。第六章明确认为人类是科学探究的主题。霍布斯运用培根的方法考察人类最为基本的动力和欲望,目的在于发现哪些类型的规则在维护政治国家和平与安全的过程中最有效。拉厄认为,霍布斯提出一门政治科学,是为了"给政治秩序的缺陷性质提供补救方法,这种秩序植根于人类舆论的不稳定权威"。[③] 培根和霍

[①] 怀特,第 254 页;拉厄(1994),第 137 页。
[②] 《学术的进展》,第 208 页。
[③] 拉厄(1994),第 149 页。

布斯都意识到,现代科学将不可逆转地改变人们生存于社会的方式;不过,在这种知识应该如何运用到政治哲学中这点上,他们产生了分歧。这种分歧反映在他们关于科学和政治哲学的写作方法上。

怀特认为,"培根一定认为霍布斯的努力为时过早。如果有的话,在培根和霍布斯之间发展的自然科学也甚少有实验重要到足以对这种确定性作出解释,即在培根哲学方面,霍布斯能够达至'人性的两个格言'"。① 可是怀特也明确表示,"尽管霍布斯宣称自己所知道的较培根相信他知道的更多,但霍布斯主张的基础确实是培根哲学"。② 这种观点让人想起培根对于下述危险的警告,即"头脑早熟和草率行事,并且跳跃和飞行到事物的一般结论和原理。"③在自然科学得到充分发展之前,霍布斯提出了用科学方法来研究政治。也许是霍布斯所处的政治环境使得政治科学的使用相较培根那个时候更为紧迫。在霍布斯的生涯中,新教主义和紧随其后的共和主义拥有了足够影响,对已然建立的君主政体提出了严肃的政治挑战。霍布斯的工作致力于防止内战;其政治科学的设计旨在促进政治稳定。

不过,似乎培根和霍布斯都认识到,在政治能够得到科学研究的同时,政治科学有必要成为一件独立于自然科学的事情。人类的本性和行为是比化学或者生物的本质更混乱之事,必须说服人类行动起来。霍布斯通过强调名称的力量和重要性证明了这一点。虽然影响政治的努力必然需要使用修辞,霍布斯并未视其计

---

① 怀特,第255页。怀特引用了:霍布斯,托马斯(1949)。斯特林·鲍尔·兰姆普瑞(主编),纽约:阿普尔顿—世纪—克罗夫茨。(原著出版于1642年。)奉献的使徒书,第5页。
② 怀特,第255页。
③ 《新工具》,第52页。

划为不科学。如果公众愿意接受他关于自然和社会正确秩序的学说,那么其政治科学会有效地成为现实。

[122]培根说其新科学"平缓而持续地上升,终于达至最为一般的公理"。① 如果一个哲学家或者科学家试图跳跃前行,如果他缺乏逐渐上升的耐心,那么他的结论就会有缺陷。培根很清楚这种可能性,即便是在那些最愿意接受其学说的人中间。霍布斯同样宣称:

> 理性的运用和终结不在于发现一个或者几个结果的总和和真相,与名称的最初定义和确切含义相去甚远,而是以这些结果为始,从一个结果行进到另一个。因为缺乏所有那些肯定和否定的确定性,最后的结论就不可能确定,而那些肯定和否定是该结论立足和推论的根基。②

尽管霍布斯一直强调会在所有知识中发现确定性的缺乏,但是假若探索者遵循了培根的研究方法,人们很有希望得到正确的观点。对于霍布斯而言,现代科学和哲学的基本力量将会是控制给事物命名的能力。科学家将命名其发现,而最高统治者将提供好与坏的标签。

通过对熟悉的术语进行了相当微妙的重新定义,霍布斯拉开了《利维坦》的序幕。著作之初,他以讨论感官知觉为始,然后逐渐转移到对想象力、理性、激情、宗教、自然规律的讨论,最后达至对共和国及其形成法律的扩展研究。科学渗透到作品的每个方面,宗教常常是表面上的主题。如同诗歌、修辞和政治一样,政治哲学、自然哲

---

① 《新工具》,第36页。
② 霍布斯,第23页。

学和宗教因此通过人类的动物本性得到理解。想象力被移出神圣的灵感领域,反而被形容成"只有腐烂的感觉"。① 想象力不是到达个体知觉之外的人类能力;它是种记忆过去感官知觉快乐和痛苦的能力。这种主张也有效地从霍布斯的学说中去除了上帝和无限。霍布斯认为,"没有人能够在头脑中想象出无限大的形象,也没人会想象到无限的迅速、无限的时间、无限的力量和无限的权力……因为这些从来没有,也不可能是偶然的感觉,却都是荒谬言论,骗取信任……从受骗的哲学家那里"。② 上帝是给予那些不可思议之事的名称;对于科学的头脑,不可思议之事只是那些尚未得到理解之事。依赖于不可思议之事是徒劳的,因为对于那些在以观察或实验作为发现依据之外的事物,人们无法得出确定的结论。

霍布斯的观点源自培根对想象力的定罪,认为它是种强大但危险的东西。培根写道,"[想象力]不受物质规律的束缚,可以随意加入自然已割断的,割断自然已加入的;从而造成了事物的非法匹配和[123]分离"。③ 这种描述表明想象力是培根计划真正的敌人。如他在《伟大的复兴》中所言,

> 因为本原之链不能被任何力量所松开或折断,除了受到遵循,自然也不能够被命令……一切都取决于坚定地把眼睛注视在自然的事实上,并且收到他们仅仅如其所是的图像。因为上帝禁止我们为了世界的某种模式,就公布我们自己的想象力之梦。④

培根的计划寻求真正的本原知识;想象力超越自然法则的力

---

① 霍布斯,第 8 页。
② 霍布斯,第 15 页。
③ 《学术的进展》,第 86
④ 《伟大的复兴》,第 32 页。

量使得它对于哲学和科学而言都是危险的。

不过培根的写作方法要求大量的想象力，尤其是当运用到《新大西岛》的时候。培根依靠非科学读者富于想象的力量来赢得对其计划的支持。尽管他谴责想象力，但显然培根没有低估其力量。想象力会被视为一种危险的武器，只有安全掌握在哲学家手里才能不受其魔力的影响。随着科学进步，由此产生的技术也同样会进步到之前几代人认为不可能的水平。然而，我们必须始终记住，这些现代奇迹之所以可能，仅仅是因为早些时候的科学家对事物本原细致入微的研究。当培根的劝诫适用到政治科学之时，他对霍布斯的影响变得清晰了。诉诸神圣不利于霍布斯的政治哲学，如同它对于培根的自然科学一样不利。可两个思想家都是高超的修辞学家，能够只通过自己的言词便塑造出感知的现实。

像所有哲学一样，现代哲学主要关注理性的本质及其在人类生活中的作用。哲学是种使用理性去尝试界定理性的探讨。对古人而言，苏格拉底式的反讽要求做到，理解理性包含了承认理性的局限。从另一方面而言，霍布斯视理性为世界的数学。他写道，"理性，在此意义上，不过是对通用名称后果的计算（即加和减），这些名称是经人们商定用于标记和表示我们思想的"。[①] 可是，霍布斯规定，在推理中使用的名称并不一定代表真正的知识。理性拥有理解某些相互作用结果的力量，但它并不具有给予人类绝对真理的力量。当从这样的角度审视时，霍布斯对理性的定义并未离开古人太远。霍布斯以科学方式提出他的观点，但并未全然掩盖他承认理性主要是在意见的领域起作用。

无论如何，在自然科学中正确运用理性最终能够得到真正的

---

① 霍布斯，第23页。

科学原理发现之结果。科学被界定为"后果的知识,事实对另一个事实之依存关系"。① 这个定义[124]在霍布斯观点的背景下并不令人惊讶。更令人惊讶的定义出现在几章之后:"知识是言词的结果,这通常被称为科学。"②科学被作为了掌握本原的活动。一定事物的本原为人所知,各种各样的影响就能够产生或者得以避免。不过,作为言词结果的知识似乎是个修辞而非科学的定义。此外,霍布斯也认为,"因为真实和虚假都是语言而非事物的属性……真理来自于对得到我们认同名称的正确排序"。③ 霍布斯再次揭示了其计划具有鲜明的政治倾向。倘若哲学是寻求真理的活动,那么哲学和修辞都似乎存在于为科学的服务之中。

然而,霍布斯对科学的定义将其放在了政治事务的领域。他对真理、理性和科学的定义都旨在实际的政治实践中运用这些概念和活动。政治现实从根本上抵制绝对真理的主张,霍布斯对科学的探讨有力地表明,科学应该运用于服务政治。再者,假若霍布斯能够将政治生活减至几个科学原理,那么就能够减少人类行为的不可预测性。霍布斯努力解决的问题根源于人类感官之不可靠;如果科学家不能够被托付信任去准确感知世界,科学在描述人性方面也只能走这么远。某些知识是科学想象力危险的臆造之物。

将培根的方法应用到政治科学中,这迫使霍布斯将人类降至最基本的需求和欲望。他认为人类是力求找寻快乐、避免痛苦的聪明动物,也是自身欲望和满怀恐惧的奴隶。④ 除了确信死亡不可能迫在眉睫,并且死亡之后的永恒拷问更不可能之外,再也找不到持久的幸福。霍布斯写道,"生命的幸福不在于得到满足之后心灵的安

---

① 霍布斯,第25页。
② 霍布斯,第36页。
③ 霍布斯,第19页。
④ 霍布斯,第13、14章。

宁。因为没有这样的 Finis ultimus(终极目标)或者 Summum Bonum(至善)曾在旧式道德哲学家的书籍中言及……幸福是欲望的不断进步,从一个目标到另一个目标,前者还在实现之中,可道路已然通往后者"。① 考虑到人类欲望之不知满足,一个有效的政府将找到途径来引导人类焦躁不安的精力。霍布斯提议将科学和商业作为最为安全和富有成效的渠道。② 曾经是人类征服者的那些人将成为自然的征服者。那些谋求政治权力的人将为经济权力而奋斗。社会将变得更加富足和安全,而不是把自己撕裂。

科学和商业对传统理想的替代使得人们关注的焦点从来世的救赎转变为尘世的安逸。像霍布斯一样,培根认识到了身体欲望、恐惧死亡的力量和重要性,毕竟,他所谓的乌托邦是个免于匮乏、[125]药物高度发达之地。③ 培根的科学安排服务于技术。他并未仅仅因为对智慧的爱欲般的爱,便提出要解开自然的秘密;为了开发旨在减轻人类痛苦、满足人类需求的工具,他需要知晓自然法则。从这个意义上而言,培根和霍布斯揭示了一个共同的目标。他们都打算用现代科学来提高人类的舒适和安全,可是他们都认识到,政治哲学对于塑造此种模式的社会而言至关重要,这种社会能够让科学蓬勃发展。

两位思想家之间的主要差别是直接性。培根喜欢"领舞",④让读者瞥见其政治学说,但从不展示出最佳政治体制的完整景象。另一方面,霍布斯让政治科学成为其计划的公开话题。两个思想家都认为,对现代政治哲学而言,现代科学是个必要的主题;二者都意识到,现代科学将不可逆转地改变人们生活于社会上的方式,并且也许,科学原理有一天会被用来更好理解有效的法律如何得

---

① 霍布斯,第 57 页。
② 拉厄(1994),第 161 页。
③ 《新大西岛》,第 257 页。
④ 《培根论说文集》,"论辞令",第 160 页。

以实现。诚然,霍布斯以一种较之培根更为大众化的方式迈出了最后一步,但同样真实的是,缺乏以培根作为基础,霍布斯不可能做到这一点。兴许没有哪个人能够同时承担两个计划,它们互为补充而非彼此对抗。

转向柏拉图

培根和霍布斯坚称哲学和科学都服务于实用目的,对于一个漫不经心的观察者,这种观点貌似一种蔑视的意图,会把他们置于古人的根本对立面。然而,经过仔细观察后,培根和霍布斯都显露出与古人尤其是柏拉图之间极为密切的关系。柏拉图、培根和霍布斯见解一致的领域并不如他们意见分歧的领域那么显而易见;但这并不意味着见解一致并不重要。就政治上而言,三位思想家提出了非常相似的论断。培根、霍布斯与亚里士多德、马基雅维利分道扬镳,后者公开支持的是混合政体。相反,他们跟随了柏拉图的主张,即在君主政体中能够最好地发现秩序和正义。就哲学上而言,三者显然不是非常一致。人们必须仔细寻找这样的迹象:虽然培根和霍布斯过于关注实用,但他们在其政治哲学中却小心翼翼地为纯粹的沉思留出了空间。

培根意欲满足社会主体的物质需求,但他不认为这些主体目前(或者也许是永远)能够理解和控制科学,后者会让繁荣成为可能。同时,受过教育、有才能的公民群体会让科学的任务更为[126]简单。此外,培根似乎相信建立一个更高层次思想家共同体的想法。所罗门之宫并非一个人在主持工作;所罗门之宫的元老"在不同的会议和咨询[他们的]全部成员之后"做出决定。① 这些人终其一生

---

① 《新大西岛》,第 269 页。

来解开自然之谜,决定在社会上运用其发现的最好途径。他们的生活不再是纯粹沉思的生活;实际上,唯一提及的深思熟虑发生在上面讨论的会议中。不过,如前所述,科学家受过类似的教育、分享相似的目标。他们在共同体内地位平等,并且亦如此管理他们自己;他们无需努力去教育或者咨询公众。现在的问题是,现代公民能够被教育到那种在科学时代进行自治的程度吗?

如前所论,所罗门之宫让人想起柏拉图的夜间委员会,后者每天开会讨论"自己国家的大事、立法问题,以及与此相关联的他们从外国的情报中可能发现的问题"。① 雅典外邦人详细说明道,这些人必须"从黎明即起,一直开到日上中天",这是个特别模糊的陈述,有可能被解释为意味着委员会的会开得很简短或者频繁。② 除了委员会的成员和门徒,会议对其他人保密。在会议期间,委员会接见任何在国外待过、想要进入城邦的人。委员会聆听旅行者对国外法律的陈述,并且判断是否从他的旅行中获得了有价值的事物,或者是否这个人在返回时已经堕落。如果发现这个人堕落了,他可能"以私人(平民)的身份"生活下去,但如果他参与到公众的分裂行为之中,他将会被处死。③ 通过这样的途径,夜间委员会对外邦进入马格尼西亚的信息实现了绝对控制。同样,所罗门之宫的元老据说甚少会到本色列岛的民众中去。他们也是外国知识的唯一裁决者,唯一能够到国外旅行的公民。④ 在这两种情况下,外国知识被认为是可疑的。如果新的风俗和法律有价值,必然会被逐渐融合到秩序井然的城邦之中。

---

① 《法律篇》,951e—952a。
② 《法律篇》,951d。
③ 《法律篇》,952b—d。
④ 《新大西岛》,第269页。偶尔许可陌生人进入本色列岛,这是真实的情况。但如同所罗门之宫的元老在其演讲中所明确的那样,水手们被准许进入仅仅是对元老们的目的有用。

在《法律篇》中,夜间委员会关心的是立法和控制,但他们最迫切的任务是根除不敬,并且防止其蔓延。那些被定为某些不敬罪的,特别是无神论,或者相信神祇不关心人类事务,"由于愚蠢而受骗的人以及品质和性格都不坏"而这样做的,会被投入称为感化中心的监狱之中。① 在感化中心里的囚犯与普通大众隔离开,除了夜间委员会的成员,不能与任何人交谈。夜间委员会负责调节引入城邦的新理念;大概他们不仅能够判断哪些事情有利于城邦,也能够让人相信,城邦昌盛必须是每个[127]公民主要关心的事情。他们"缺乏智慧"是缺乏对决断必要性的理解。

那些不能说服委员会采纳其意见和那些不愿意遵守委员会裁判的人必须远离城邦。雅典外邦人介绍道,"一个因犯服刑期满,就成了精神健康的人而去同明智的人一起生活;但如果他表现出是个欺骗者,那么他就是重犯类似的罪行,应被处以死刑"。② 夜间委员会并不关心公民心灵最深处的信仰,他们只关心外部的表现和行为。前囚犯可以不信,但不能公开表达自己的信仰。马格尼西亚的社会依赖于维护一个有助于公民美德的公共宗教。那些不支持这个目标的信仰也许是对的,但却是危险的。

所罗门之宫的元老在本色列岛宗教上运用了类似的控制。科学家负责验证那些他们公认能够制造的奇迹。③ 培根不但把奇迹置于科学的权威之下,而且迫使读者怀疑本色列岛每件事情的真实性。假若讲述者不能信任自己的任何感官,读者又怎能相信他的讲述?元老用制造的奇迹使臣民敬畏,而不是在公共话语中教育行为不当的公民有必要进行自我节制。在引入基督教之前,本色列岛已

---

① 《法律篇》,908d—909a。
② 《法律篇》,909a。
③ 温伯格(1989),第17—18页。

然是个繁荣、有序的社会,这恰恰让人想知道,基督教如何改善了这个社会。当然,他们文明"奇迹般的"历史同样可能是所罗门之宫几乎完全控制了进入和在本色列岛之内信息流的产物。就柏拉图和培根而言,控制意见的公开表达对于维护城邦秩序来说必不可少。个体可以私下里自由地追求知识,自由地如己所愿相信和思考,只要他们不以公开而不考虑后果的方式表达危险想法。

正如柏拉图看来对哲学的实践后果满怀欣赏,培根和霍布斯巧妙承认了哲学对爱欲的依赖。施特劳斯认为,对霍布斯的常见批判性阅读导致了并非不合理的结论,即:

> 现代科学……试图通过宣布与所有的"拟人观"决裂来解释自然,所有目的和完美的构想,能够……对理解人类之事无所助益……就霍布斯而言,把政治哲学建立在现代科学基础上的尝试导致了这样的结果,即在自然"权利"和自然欲望之间的根本区别不能持久保持下去。①

试图找到人类行为和社会之中最为首要的基础导致了对人类更高层面的放弃。对经验[128]证据的关注使得现代人放弃了对美德的追寻,转而关注人类的欲望。施特劳斯认为,对霍布斯的谴责基于对其学说的错误认识,这种认识导致了许多政治哲学研究者低估了霍布斯。

施特劳斯声称,他研究霍布斯的重要目标是要证明"[霍布斯的]政治哲学之真正基础并非现代科学"。② 相反,霍布斯政治哲学的基础是对暴力死亡具有道德合理性的恐惧。当他没有置身于

---

① 施特劳斯(1952),第9页。
② 施特劳斯(1952),第9页。

迫在眉睫的致命危险之时，人类是唯一表现出这种恐惧的生物，所以，霍布斯的政治哲学植根于人性的经验，而非现代科学。施特劳斯继续约定，"无疑，[霍布斯]知晓和重视知识的乐趣不亚于其他任何哲学家，但这些乐趣对他而言并非哲学的正当理由，他认为正当理由存在于对人类的裨益中，也即是说，保护人们的生命和增加人类的力量"。① 从这个意义上而言，霍布斯立足于培根的思想之上。在《学术的进展》中，培根设想其希望即，"知识不是妓女，只是为了娱乐和虚荣，也不能是个女奴，以获得或者赢得主人的使用，但却是个配偶，为了生殖、结果和舒适"。② 在两个思想家那里，知识和对知识的追求都具有令人愉快的特征。然而，无论哲学家或者科学家能够从他的活动中获得什么样的乐趣，都次要于由来自哲学或科学的知识所提供的实实在在的好处。

哲学家的快乐是次要的，但它并没有完全打折。像柏拉图，培根和霍布斯都密切关注着秩序和必要性。对柏拉图而言，一个有序的城邦是追求哲学沉思的必要前提。政治问题必须紧急处理，因为只有在善法行之有效之后，哲学家才能够寻找到尽管是私下、但却安宁的生存空间。我相信培根和霍布斯心怀类似的愿望。毕竟，即便如果理论从属于实践，培根也提醒我们，沉思必须先于行动。③ 不假思考的行动是危险且愚蠢的。培根需要塑造其社会的法律，以便现代科学能够蓬勃发展。但现代科学的目标不仅仅是提升人类的物质舒适度和国家的政治力量。现代科学试图揭示宇宙的运行，让自然规律服从于人类的意志。源自现代科学实验的技术证明了它能够获得社会的持续支持，但技术自身并非科学家的目标。培根

---

① 施特劳斯(1952)，第34页。
② 《学术的进展》，第37页。
③ 布里格斯(1996)，第182页。

相信,科学家重视创造技术奇迹的力量远胜于产生它们的目标。追求科学知识以及了解其力量是他们快乐的源泉。[①] 培根和霍布斯所设想的政治社会让现代科学家有了追求知识的空间,同时[129]又将其努力所获得的实实在在好处牢牢放在国家的视野之中。然而,现代科学还不足以维持这种平衡。政治哲学始终必要。

社会中的科学

现代计划开始于马基雅维利对个体与城邦关系的重新定位,将政治哲学作为广泛劝说的工具。曼斯菲尔德认为,"将民众对统治的要求重新解释为不受控制的愿望,马基雅维利为民主甚至是共和主义成为自由主义铺平了道路"。[②] 马基雅维利的作品试图改变公民对他们与统治者之正确关系的观念;他运用哲学的写作来实现政治目标。霍布斯立足于马基雅维利的创新之上,提供了一张粗糙的素描,素描中的人类作为个体,为了自身利益而选择进入社会。个体依赖于城邦,被迫遵循其法律;但如果城邦未能履行其对个体的义务,他们也可得到允许离开城邦。无论是就教育还是就时事而言,由培根所兜售的技术导致了知识的广泛传播。与所罗门之宫的元老不同,欧洲科学家们没有做出一致(或者有效的)努力去限制技术。随着知识变得容易获得,个体被认为需要对自己的理解水平负责。虽然很少人有闲暇和爱好去认真追求哲学智慧,但更多的人开始认为自己能够自我管理。为了阅读经文,新教改革强调个体责任,这教会人们他们不仅能够,而且有义务去理

[①] 问题仍然是,柏拉图和苏格拉底是否会同意这种说法。这个问题的答案在于,对科学知识的追求如何密切反映出对哲学智慧的追求。在理论层面上,我相信二者在爱欲智慧方面是相似的。

[②] 曼斯菲尔德(1996),第 28 页。

解上帝的话。如果那些人能够自己诠释基督教教义，那么他们也会很快要求去诠释政治法律的权利。

在培根身后的几十年里，欧洲既接受了现代科学，又接受了自由政府。当人们发现二者在一起时，暴政被阻止了。英国成为受到宪法限制的君主政体和经济帝国，逐渐用现代观念取代了古老传统。它最终造就了一个技术发达的社会，在人类生活的各个领域致力于实现自由和平等的原则。另一方面，法国戏剧性地反抗着古老的方式，用狂热的科学进步信仰取代了狂热的宗教。其革命陷入了暴政。

相当肯定的是，培根预见到了科学的成功和自由主义之间的联系。不过，这并不意味着他接受共和主义的政府。他和霍布斯都希望自由的君主政体能够建立起来。① 相反，宗教和政治思想中[130]个人主义的兴起被证明为对君主政体而言一股强大的力量，共和主义现在被视为开明政府的自然延伸。英国的君主立宪制实际上让路于自由的共和主义。法国大革命暴政的余波最终消散，从而让自由政府得以出现。尽管我们自己时代的科技状况提出了自己的挑战，但启蒙时代的技术扩张无疑使得现代社会变得更为自由，最终找寻到了通往自由共和主义的道路。正如培根所预见的那样，现代科学塑造了现代社会。不过，现在还不清楚，现代社会的公众是否开明到足以明智地使用赞助人的礼物。

皇家协会

1660年，皇家协会由那个时代主要的科学家团体所创建。皇

---

① 佩尔托宁(Peltonen)，第300页。佩尔托宁认为，培根的术语"自由君主制"暗指共和政体的政府。我认为他夸大了事实。培根当然建议君主们明智地使用其顾问，但我并不认为他曾经希望君主的权威直接受到挑战。

家协会的存在"为了认识、提高和支持科学之卓越,并且为了人类利益鼓励科学之发展和运用"。① 协会成员每周举行一次会议,以讨论在现代科学、工程和医学中正在进行的实验、进步。最终,他们也开始拥有图书馆,希望在一个地方积累所有科学知识。培根的影响显而易见。法林顿甚至认为,所罗门之宫是有组织科学研究最充分的体现和皇家协会的蓝图。② 可是,与所罗门之宫的不同之处在于,皇家协会没有政治抱负。在自由主义日益高涨的时期,它们的形成似乎保护了科学家免受不正当的政治野心之害。

他们的使命在于既为了自己之故也为了人类利益而发展科学,这让他们留下培根弟子的痕迹,但它也证实了培根的一个忧虑。他担心科学、哲学和政治在现代社会最需要它们团结起来的时候会彻底分离。在这点上,皇家协会的道路是在一场巨大冲突中确定的,这场冲突发生在霍布斯和罗伯特·波义耳(Robert Boyle)关于后者的空气泵实验之间。③ 霍布斯质疑波义耳的实验方法,但主要反对的是空气泵实验的政治含义。波义耳的研究结果支持了神职人员的观点;霍布斯担心神职人员影响力的任何增加都会威胁君主地位的稳定,霍布斯从未忘记政治的首要地位。他不愿意将实验科学扩展到那些可能会有政治危险的领域之中。霍布斯被排除在皇家协会之外,即使培根被继续视为现代科学家的先驱,科学和哲学还是分道扬镳了。[131]现代政治社会并未走培根所希冀的道路。不过,它走的可能是现代科学所需要的道路。如果后者是正确的,那么人们必然询问,共和政体是否有能力去抵御不受约束之技术所固有的危险。

---

① 检索自:http://royalsociety.org/about-us/。
② 法林顿,第17页。
③ 夏平(Shapin)和谢弗(Schaffer)提供了霍布斯和波义耳之间冲突的详细介绍,包括波义耳实验的细节和在实验方法方面导致的转变。

法国启蒙运动

与培根所展望的不同,现代科学和现代政治哲学之间的关系沿着一条不同的路径发展起来。背离培根计划的精确之处难以确定,但现代时期的某些事件显然较之其他事情更清楚证明了这种突破。培根开始其伟大复兴之后的那个世纪,政治科学的观念和朝向美好未来的进展引发了许多杰出思想家的想象。① 现代政治历史上,甚少有几个运动较之法国大革命更为明显地表达出启蒙的伟大希望和巨大危险。它最为狂热的支持者之一是侯爵孔多塞,数学家、哲学家、百科全书编纂者和雅各宾恐怖的最终受害者。孔多塞并未成功执行培根的计划。法国大革命表面上致力于自由,但并未细致地呵护自由。脱离了历史和传统,不耐烦于进展的缓慢,渴望报复任何和所有的敌人,革命者变成了暴君。孔多塞和同伴们无法控制他们所创造的这头猛兽。他们没有留心培根的警告。

在启蒙运动的某些阶段,自然科学脱离了哲学。然后,哲学让纯粹哲学和政治哲学之间的分化变得尖锐,在它们最需要受到保护的时候划分了其资源。现在的自然科学几乎全然建立在实验的基础之上,而政治哲学就这样忽视了整体的本质问题,以至于其研究者几乎无法理解科学的行为和后果。哲学家不能有效引导科学家的政治管理,因为哲学家不是接受了科学的首要地位,就是拒绝接受科学的难以驾驭。两种问题的根源都可以追溯到后来的启蒙运动对培根计划全心全意地接受,这种接受忽视或者摒弃了培根自己的警告。他们致力于普遍、世俗的仁慈想法,但坚持拆除培根所重视的宗教脚手架。② 新科学的信徒们理解了培根计划的革命

---

① 罗西(1996),第39页。
② 拉厄(1994),第91页。

性质,但没有掌握哲学和政治的改革必须何等全面和细致。①

孔多塞的《关于新大西岛的片段》,或者《促进科学进步的人类共同努力》(片段)(Combined Efforts of the Human Species for the Advancement of Science)揭示了这种对培根的误读。培根对孔多塞的恩惠显然在于把科学概念[132]当作了一个命名和定义的过程。② 他认为培根发现了"研究自然的真正方法",但批评培根未能促进科学知识的进步。③ 实际上,孔多塞直截了当地希望本色列岛征服欧洲。他认识到现代科学需要取代旧的方式,并且相信其与法国革命的目标能够和谐共处。尽管培根暗示过科学与共和主义的相容性,孔多塞试图让科学民主化。他相信科学的进步最终会带来全面的启蒙和人性的完善。④ 他的尝试带有空想性质,但却立足科学。像培根一样,他知道知识自然而然地会传播开来;假若部分知识为部分人所知,这部分知识终究会为那些注意到它的人们所知晓。不过,孔多塞在根本上低估了科学家成为民主主义者的能力。培根的计划要求科学家在社会治理中发挥重要作用,要求那些致力于将人类帝国的疆界推到自然之上的人放弃追求(或者甚至只是承认)他们自己凌驾于他人之上的权力,这恰好是《新大西岛》警告过的陷阱。佩雷斯-拉莫斯(Pérez-Ramos)雄辩地指出,"能够征服自然的人可能也会征服其他人"。⑤

《关于新大西岛的片段》让人瞥见了现代政治科学对未来的改造。孔多塞公开引用培根作为启发其灵感的人,将其计划奠基于所罗门之宫上。他的语言反映出培根语言的身影,提倡强

---

① 佩雷斯-拉莫斯(Pérez-Ramos),第 312 页。
② 孔多塞,《要略》,第 30 页。
③ 孔多塞,《要略》,第 87—88 页。
④ 孔多塞,《要略》,第 134 页。
⑤ 佩雷斯-拉莫斯,第 330 页。

迫自然揭示其规律。但他很快就指出,他相信社会已然超越了培根。在培根写作的时期,和平启蒙仍然具有可能性。另一方面,孔多塞已经历了"摆脱欺骗之后愤怒情绪的急速效应"。① 孔多塞正确推断出,培根期望着一个接受科学的开明君主。这可能是种理想状况——国王们为科学实验提供必要的资金,却不要求共识。即便是平均主义者孔多塞也承认,科学每个分支都需要超出普通人能力的资源来进步。然而,孔多塞反对开明君主的想法,认为国王只会支持那些吸引其爱好的科学领域。另一方面,有见识的科学家构成的社会,会平等聚焦所有的科学领域。现代学术界严厉地反驳这个理论。如果科学可以利用和改善的余地永无止境,那么科学家会永远处于资源和认可的竞争之中。

　　孔多塞强调,由其科学家协会计划出来的实验将花费大量时间——也许几代人都不会产生结果。其科学协会的计划承认,进步有时会零零星星,科学不会总是随时随地都同样令人兴奋。这可能会给那些寻求荣耀的科学家、[133]要求结果的民主政府和公众带来问题。孔多塞认为,尽管"平等的精神经常沦为卑鄙的嫉妒",启蒙仍将传播开来,俾使那些统治之人变得同情和顺从科学家的需要。② 他承认,如果其计划要获得成功,在如何最好地实施科学教育方面,一个民主政府将不得不听从有见识之人的意见。这个过程会充满艰辛,因为许多这样的意见会是外来的,但也有可能,因为受过良好教育的公民选出的领导者将更有可能自我启蒙。在想要获得有用知识的人和追求真理的人之间存在着区别。即使是开明的政治家也倾向于前者。

---

① 孔多塞,《片段》,第283—284页。
② 孔多塞,《片段》,第284页。

《片段》坚持科学不会进步,除非天才之人形成"观点和原则的自愿联合"。① 革命后的法国被推举为理想的地点和时间来形成这种联合。孔多塞一再将法国描述为一个"真正自由的国家",似乎对这个被颠覆国家的每个阴影中浮现出来的雅各宾恐怖漠不关心。他否认法国永远将平等视为愚蠢和无知的平等,也即是说,一旦真正的科学进步的方法为人所知,没有科学家会反对加入这个社会。他承认,科学家"不能免于自尊自大的小气,他们对妒忌也不陌生"。② 可是,他认为科学家为了追求真理,能够克服自己较为卑劣的冲动。他还认为,年轻科学家能够评判老科学家的成功,年轻科学家不会嫉妒老一辈人,老一辈人将优雅地把知识传授给年轻的一代。从人性中消除妒忌和自尊自大是许多政治思想家的白日梦;一个在清醒世界中带有灾难性后果的白日梦。

当然,在这种社会中首要问题会是领导者的偏爱。尽管有大量的经验证据,孔多塞仍然主张各种科学的相互依赖将会防止对抗。每个科学家并不需要掌握科学的每个分支。不过,每个科学家应该仔细注意其他分支的发现。他的计划建议同时扩大所有科学的范围。这是个令人如此兴奋的目标,以至于为了所有人的利益,个人野心会被搁置一旁。如果考虑到物理学和社会学之间的较量,一个孔多塞否认其合理性的较量,那么这个命题的此一问题会特别尖锐。他认为,"社会科学与数学和物理学没有关系吗?后者中存在一个不能提供应用于人们需要和社会福祉的真理吗?"③他的观点并没有解决培根所提出的一个基本问题:为何物理科学家,大自然秘密的掌握者,会甘愿接受社会科学的支配呢?

---

① 孔多塞,《片段》,第 287 页。
② 孔多塞,《片段》,第 288 页。
③ 孔多塞,《片段》,第 290 页。

[134]培根的计划依赖于政治的科学家-哲学家有效统治科学社会的能力。孔多塞言及的"一般哲学"将指导所有科学分支之行为,大概这种一般哲学会得到精通政治科学的政治哲学家创建和管理。① 科学上的对抗是由劣等科学家所引起的,他们追求彰显荣耀。一个劣等的物理学家仍然相信他是比出色的社会学家更好的科学家,因为物理学是门比社会学更为基础的学科。劣等科学家会在孔多塞的全部计划中发现此种荣耀,从而消除妒忌的问题。成员们会对学会调查的成功存在兴趣,这意味着他们将会监督学会非生产性或者无用的研究途径,并且奖励那些优秀之人。

培根坚信,制定这门新科学的第一步必须是把所有已知科学信息编成目录。孔多塞在同意之余,呼吁"所有已知真理之一般目录"的集会,从中能够轻易确定哪些研究途径最富有成效。② 这一步提及了孔多塞作为一个百科全书编纂者的工作。百科全书提供了人类知识的历史记述,并且不断得到更新,在这种情况之下,培根的计划成功了。孔多塞敏锐地关注事实与观点的分离,用科学来取代辩证法。尽管承认必须对事实加以分析和诠释,但他反对推测,这是政治成为问题之处,政治是意见的领域,真正的政治科学也许并不可能。社会科学表面上比辩证法更为科学;但即便是其最为热情的支持者也同意,它不能上升到物理学的经验层面。那么,一个仅仅立足于科学原则的国家如何能够根据政治科学的发现来构建其最基本的制度呢?

孔多塞承认,这种类型的科学社会只能在一个"真正自由的伟大国家"中运作。这样说的意思是,这种国家里的人民独立自主,他们行使自己的政治权利,法律致力于保护个体的自然权利。尽

---

① 孔多塞,《片段》,第291页。
② 孔多塞,《片段》,第293页。

管他们的国家已然受过启蒙,孔多塞阻止最初的学会在单独的团体或者多个宗教团体中集会。他表明,平等只能在孤立的情况下实现,成员们在这种情况下不会被怂恿形成派系。[①] 会员会费将为协会提供资助,这些资金会用于出版每月和每年刊载其成果的刊物。研究将受到会员自愿捐赠的资助。孔多塞没有考虑到的可能性是,成员只会捐赠资金去给惠及自己研究的项目。

孔多塞计划中最奇特的部分是政府资助,这是现代科学研究的命脉所在。允许政府捐赠,但捐赠款项将受到与其他捐赠相同规则的管理。协会必须独立于[135]政府,并享有辞谢捐赠的自由。如同孔多塞所主张的那样,"这太危险了,让任何权威将自己引入真理必须完全统治的帝国之中"。[②] 这是不可能的。孔多塞相信政府将足够开明,允许学术自由,不要求特定的研究。他认为,"审视问题的实质需要审议总是在极少数人中进行"。[③] 孔多塞承认,科学无法实现民主,尤其是在大型社会之中。平等个体的社会可以民主,但在科学社会中,要求知识和专家做出决策。遗憾的是,对于他的愿景,民主政府通常不愿意将资源控制权交给由个体公民组成的精英阶层,却并不期盼他们的投资回报。为了追求诸如世界语言和纪念碑之类的东西,孔多塞也建议形成国际联盟以庇护科学免于全球灾难,尽管这样的国际联盟只能包括那些在启蒙和自由方面大致平等的国家。即使是在同盟国中,认为主权国家会放弃源于这种研究的经济和军事利益的想法清晰表明,孔多塞的工作来自一种不为之前的思想家所熟悉的人性观念。

孔多塞建立科学家社会之目的有两个:在全世界范围内推动

---

① 孔多塞,《片段》,第295页。
② 孔多塞,《片段》,第297页。
③ 孔多塞,《片段》,第298页。

科学,也传播启蒙。他透露出,在洛克颠覆性的共和主义扎根欧洲之后,出现了一类人,较之深化自己的理解,他们更加关心四处散播真理。① 虽然他们的目标崇高,但时间和方法却有问题。培根的科学计划并不完整,并且传播启蒙的尝试同样也为时过早。培根再三警告说,在征服自然过程中跃过自我是很危险的。科学实验比辩证法更具确定性,但当在一个全新的方向上试图重建政治社会之时,人们应当始终保持谨慎。

培根科学革命的计划在同样多的部分中要求大胆和谨慎。孔多塞和同时代的人忽视了对谨慎的需要。培根所罗门之宫的美景意味着一种警告,所罗门之宫的元老无法效仿。他们对顺从的民众拥有绝对权力,他们的存在对岛国有害。启蒙决不会包含在少数几个卓越头脑之中;现代科学的成功整合依赖于公众对其价值的理解和接受。同时,受过启蒙的民族会合理怀疑一个孤立、独立的团体,而这个团体拥有最先进的科学知识。孔多塞在《关于新大西岛的片段》中的真诚表明了他在这点上任性的盲目或者危险的天真。

结　　论

[136]《片段》只是孔多塞提供给现代世界计划的一小部分。在躲避政敌的同时,孔多塞开始了对人类知识和进步的全面叙述,这种叙述从古代跨越到现代,投射到未来。其处境的压力需要把工作缩短为内容简介,被称为《人类精神进步史表纲要》(*Prospectus d'un tableau historique des progrès de l'espirit humain*)或者简称《要略》(*Esquisse*)。《要略》,或者《纲要》(*Sketch*),勾勒出孔多

---

① 孔多塞,《要略》,第 120—122 页;拉厄(1994),第 85 页。

塞的历史观，认为这是一个进步，不是朝向宗教清算或者神圣目标，而是朝向人世间的救赎。如同所罗门之宫的元老一样，他在伟大著作开篇部分大胆阐明了自己的目的：

> 这就是我所从事工作的目的，它的结果将通过诉诸理性和事实展现出来，即自然没有为人类能力的完善设定任何条款；即人类的完美性的确没有期限；即这种完美性的发展，从现在起不受任何希望阻止它的力量影响，除了自然赋予我们地球延续的时间，这种发展没有其他限制。①

孔多塞安排的人类进步之下一个阶段完全不同于在此之前的那些。古老的宗教和政治制度被推翻了；没有力量能够阻挡科学继承者的道路。孔多塞对未来的乐观态度显而易见；他是公开的空想家，并且似乎并未分享培根的信念，即科学社会难以实现。

孔多塞确实承认先前知识的价值。毕竟，除非从之前的错误中汲取教训，否则进步是不可能的。他坚决反对的看法是，认为古代哲学代表了哲学智慧的高峰。但他也说，"难道［哲学］不应该同样去谴责那种傲慢拒绝经验之教训的偏见么？"②如果政治要想具有科学的性质，它必须进行实验。关于良好法律和糟糕政策的教训可以从既往政治制度中收集。苏格拉底警告人们不要浪费时间去猜测那些不可能知道的事情。伴随现代科学的发展，能够知晓的事物范围急剧扩大。孔多塞引用"对自然规律的无知"作为理由，解释宗教对人类思想保持控制的原因。③ 宗教为那些在现代

---

① 孔多塞，《要略》，第2页。
② 孔多塞，《要略》，第7页。
③ 孔多塞，《要略》，第118页。

科学出现之前难以解释的事物提供了解释。所有基于这些错误的政治和道德体系现在都得以纠正。

实际上,未来的错误能够得以避免。孔多塞推测,"如果当人们知晓规律之时,他们能够几乎完全确信地去预测现象……那么为何在某种程度上以真理自居,在历史基础上去勾勒人类未来的命运会被视为异想天开的事业?"①[137]他进而认为人类的完美应该根源于现在所定义的科学进步。他并不认为人类的完美能够实现,但却应该实现,其进展不可避免、值得期待。人类目前进程的最终结果会是个对人类意义的全新定义。人类并不完美,这是虔诚的基督徒和世俗的人文主义者达成共识的领域。这并不是说我们不应该寻求自我提升,无论通过虔诚还是哲学。然而,哲学的价值在于努力奋斗。哲学,尤其是现代哲学,并不能保证永久的回报。寻求智慧是哲学家的活动,拥有智慧则全然是另一回事。如果人性已然完美,这种奋斗就会消失。

哲学的消失会意味着培根计划的最终失败。培根的直接继承者霍布斯,明白他们计划的危险性。他为政治科学奠定了基础,这种基础能够支配自然科学而不忽视沉思的价值和非理性的现实。在后来的几代人中,这种微妙不幸消失了。孔多塞及其同时代的人试图以科学的名义推翻旧式社会;他们把培根关于社会脱离传统之危险的警告搁置一旁。由此导致科学、哲学和政治产生的分离威胁着这三者的完整性。

---

① 孔多塞,《要略》,第125页。

第七章 结语:启蒙的局限

[139]培根是一位启蒙思想家么?这个问题的答案对发现培根如何透彻理解其计划的潜在危险而言必不可少。启蒙的特点在于对理性的信仰,对既定权威的质疑和对个人权利的信仰。当这些要素结合起来之时,启蒙就能被视为一场运动,这场运动对准的目标是,所有人在理性和道德方面都是平等的,因此,也应该获得政治上的平等。霍布斯宣称所有人本质上都是平等的,是就任何人能够在正当境况下杀死任何其他人的意义上而言。[①] 他的思想似乎与启蒙思想结盟了。如果所有的人生而享有理性能力,那么每一份努力都应该用于发展这种理性。同样,如果所有的人生而享有同等的道德责任,那么所有的人都同样有责任理解道德戒律。孔多塞进而认为,所有的人都能够被启蒙到此种程度,即不仅了解科学原理,而且理解有必要信任科学家自行决定揭开自然秘密。对个体理性的追求成为了一项集体事业,在现代科学与个体哲学美德分离处,就是培根计划与作者初衷违背之处。

温伯格认为,现代民主权利的传统"源自对马基雅维利政治科学

---

① 霍布斯,第74—75页。

的霍布斯式诠释,平等分享和派生其他权利的权利,即是为了需要之故而获得的权利……从一开始就与下述承诺联合在一起,即这种自由的获得会掌握自然,从而促进自然……人们认为,获得不必有政治争议的条件"。① 无论是就历史还是就地缘而言,马基雅维利写作于文艺复兴的中间时段[140]。他对教会的怀疑和革命思想的倾向为其继任者铺平了道路,去质疑自传统以来就施加于人类意志之上的限制。马基雅维利关于个人意志不受支配的学说结合了培根所极力主张的自然科学能够解决匮乏的问题,这导致了霍布斯式的政治哲学,后者旨在设计一个稳定、繁荣的社会。

现代科学的承诺(消除贫困)就这样作为现代政治哲学问题的根源树立起来。这种"对生产性艺术的错觉,即政治争议是由匮乏而非相反原因引起的",被温伯格作为现代性走向政治极端主义的原因。无论是培根还是霍布斯都表明,无论是政治科学还是自然科学,匮乏问题必然是现代科学的紧迫任务。不过,现代科学在一个稳定、宽容的环境中才会自由地解决这些问题。温伯格继续阐述他的观点:

> 对于古典的乌托邦思想,政治统治的真理是它永远不会完全自由或者公平……因此之故,政治生活只能被美德所命令……这种美德永远不会完整……通过比较,现代科学计划的缔造者们更像教条的强硬支持者——或者至少更像轮着斧头去研磨的实际创建者——而不像爱提问、冷嘲热讽的政治哲学家……马基雅维利、培根和霍布斯都抱怨古典的乌托邦思想妨碍了人们掌控自然和命运、发现显而易见之公正原则的能力。②

---

① 温伯格(1985),第331页。
② 温伯格(1985),第24—25页。

古人主张运用美德来调和生产性艺术的宏大需求。这些美德不能永远消除罪恶或不公,因为这些东西在生产性艺术中是固有的。那些知道如何创造的人也知道如何去毁灭。正如苏格拉底指出的,最好的医治者也是最好的投毒者。美德意味着在所有事情中鼓励以自我节制作为政治生活背后的指导原则。相反,马基雅维利、培根和霍布斯试图从道德哲学的约束中释放生产性艺术。他们相信如果允许科学充分发挥其潜力,那么随之而来的技术能够消除物质匮乏,如此就给予了人们思考哲学问题的自由。

再一次地,如果科学要获得这种自由,那么政治问题必须得到政治哲学家的回答,并且其回答必须为立法者和公民所接受。培根的计划并不意味着结束科学的暴政。《新大西岛》论证了需要哲学家和科学家来引导科技的发展。它也表明了经济自由及随之而来的海上力量的必要性。本色列岛受到高度控制的社会并未产生一群开明的公民。和[141]培根一样,马基雅维利和霍布斯都被指责为鼓吹暴政;然而他们却是现代自然权利理论史上最为重要的两位思想家。政治哲学家对哲学的需求并没有在现代创建者的计划中减少。本色列岛并不自由,那里的科学是专制的。它不可能成为受过启蒙之欧洲国家的典范。

温伯格指出,对起源神话的处理是古代乌托邦思想和现代科学思想的一处关键差异。在《理想国》中,柏拉图的名言阐述了有必要控制讲述神祇的那类故事。神祇绝不能被视为参与了成问题的行为,社会起源必须披着正义的外衣。[①] 否则,城邦的美德将会衰退,最终灭亡。古人一贯主张,将努力重获美好昔日的荣耀作为灌输美德的方式。辉煌往昔的神话能够轻易为宗教所包含,事实

---

① 《理想国》,377b—383c;414b—415c。

上,基督教比古代宗教更加适合这个目的。温伯格写道:

> 现代人认为,如果能够让宗教反映出……所有人类之可能性,尤其是美德,实际上是由现实艺术所服务的世俗激情和贫困欲望构成,那么通过产生一种解放欲望和物质满足的完美经济,将有可能实现完美的正义。①

培根的科学肯定会做出这种承诺。但我怀疑,控制其科学的政治哲学不会。培根确实试图控制宗教和科学之间的关系,使它们在本色列岛上得以合并。不过,本色列岛的政治统治并未显示完美的公正。实际上,它的运作从未受到讨论。

本色列岛的君主政体表现为全然屈从于所罗门之宫。假设本色列岛是个真正的乌托邦,贫穷就会在组织良好的市场和先进的生产工艺面前消失。理性将允许人类在社会中和平共处,深思熟虑的法律将会确保违法少见,惩罚迅速。公民们忠诚于政权不仅由于习惯或者惧怕,还因为理性告诉他们这可能是最好的社会。许多追随培根的人确实相信其科学力量能够实现这一愿景。他们同时天真地信任人的理性能力,并且坚定了怀疑论者的任何想法,而这些想法无以得见和接受检验。温伯格指出,他们"希望的公正如此完美,以至于它不再具有政治色彩"。②

尽管霍布斯没有转向诗意的形式,但他执着致力于创造一门政治科学,这表明他出人意料地依赖于[142]修辞。霍布斯翻译了亚里士多德的《修辞学》,后者采用了一种科学方法分析修辞技巧及其对人类情感的影响。显然,霍布斯认为他的作品会对读者产

---

① 温伯格(1985),第 26 页。
② 温伯格(1985),第 331 页。

生影响,并且认为修辞是固有的组成部分,不仅让读者信服其学说的价值,而且让他在写作的同时保持活力、免于束缚。① 霍布斯巧妙改变了政治哲学的基础。他使用了传统上被用来描绘人性和社会的相同术语,但稍微变换了在其写作语境中运用它们的方式。不用牺牲人类生活中非理性的力量,科学和哲学水乳交融。通过把人类降至最基本的程度,他为科学研究政治生活提供了一条清晰的道路。通过确保政治科学聚集于自然权利之上,霍布斯为自由的启蒙运动铺平了道路。

自由主义、新教教义和科技进步的合流鞭策启蒙运动思想走向了共和主义。启蒙运动时期的公民们不希望受到支配,他们受到这样的劝说,即其与生俱来的人类理性已然足以进行宗教和政治的自治。技术方面的最新进步第一次让教育普及成为可能。走向自由共和主义的运动在英国建立君主立宪制、在美国建立自由共和主义、在法国消灭君主专制中达到高潮。孔多塞及其同时代人试图回应培根的召唤,呼吁人们通过征服科技扩大自身的领域,他们把霍布斯自我保护的自然权利观念转变成为共和主义革命的哲学呐喊。遗憾的是,对个人自由和宪政限制的坚定承诺遭到了抛弃,取而代之的,是科学所设计、没有贫困和特权之社会的加速到来。最终,培根的继任者没有能够将其计划固守在传统和柏拉图哲学的教训上,而是过于为现代技术的许诺所诱惑而没有听从他的警告。

最终,培根既是又不是一个启蒙思想家。纵然培根明确认为政治社会未来的稳定和幸福取决于现代科学,但他也敏锐意识到自己计划的危险。在对共和主义保持怀疑的同时,他默默拥抱自

---

① 在这点上,他显然没有完全成功。由于担心安全问题,霍布斯在1640年逃离英国,并流亡了十多年。

由主义。《新大西岛》并不是一个完美的社会——它是个没有贫困的社会,但却极其需要防卫、创新和隐瞒。培根选择以诗意的形式呈现本色列岛,有着不宜于言说的社会因素。通过对社会的温和反思,培根展现给读者科学的真相,他并未对这些为了减轻匮乏而产生的必要牺牲进行直率、严厉的描述。培根科学的努力显然依赖于一个并不科学的工具,也即是诗意形式。[143]缺少了影响公众非理性情感的必要手段,现代科学的合理性将无法存在。即便是培根的君主政体也需要这种欺骗;在一个民主政体中,欺骗又会何止于此呢?

诗歌和哲学总是关系复杂,现代哲学在缓解这种紧张关系方面一事无成。柏拉图认识到诗歌在塑造社会道德方面的力量;在他想象的两个城邦中,诗歌的作用都受到了严格审查。① 哲学家规定了诗歌的正常范围。最后,通过与柏拉图正义社会的相同方式:细致的教育和对美德的不懈追求,培根的科学社会才有实现之可能。他把倾向哲学的人界定为现代科学的最大危险——倾向哲学但缺乏认真遵循其方法的奉献精神。他知道,当他们发现不符合先入为主想法的事情之时,即便是那些开始了哲学课程的人也会受到引诱,跳跃到形而上学或者系统构建上去。培根计划依靠的是几个能够抵抗住这种诱惑的人。

现代科学,培根的科学,常常受到指责,说它们推动了二十世纪的极权主义和异化。这种指责是草率的,如同因为后来的乌托邦解释者而指责柏拉图一般。假若一个人没有仔细阅读过柏拉图对话,就容易错过他现实主义的迹象。柏拉图的对话是如此复杂和微妙,以至于人们会很容易因为误读而得到谅解。然而,这种误读造成的损害却是真实的。同样不愿意理解早期现代思想的精妙

---

① 《理想国》,376e—383d;《法律篇》,655d—661d。

第七章 结语:启蒙的局限

之处导致了现代科学如今存在的版本。这是一个几乎完全脱离了政治哲学的版本。而且,它被迫存在于民主社会之中,这种社会也许尚未准备好并且无法安全地进行管理。现代政治哲学无法为解决问题提供简单的方案,而这些问题自始便困扰着人类社会。培根当然知道这点,他的计划从未打算不费吹灰之力。

政治科学不能提供完美的正义。即使是有了完全成功的现代自然科学,政治哲学将始终有存在的必要。正如施特劳斯所言,古代政治哲学家"要求对发明进行严格道德—政治监督……但他们被迫破例。他们不得不承认有必要鼓励有关战争艺术的发明……在某个重要方面,好城邦必须以坏城邦的实践为导向"。[1] 如果缺乏道德原则或者邪恶的城邦愿意在追求财富或权力的过程中跨越可疑的科学界限,那么除了跟风或灭亡,好城邦别无选择。

而且,现代世界的历史表明,大多数技术最初追求的是军事目的,但最终渗透到市民社会的每个方面。[2] 现代科技创造的奇迹将不会把自己局限在指定领域中。施特劳斯提醒说,现代读者在这件事上不能只看到古代智慧,因为[144]"从经典的角度而言,这样利用科学是被作为一种理论追求的科学本质排除在外的"。[3] 当然,古人开发了技术;但他们从来没有能力探索天堂或毁灭地球。虽然技术的最终目的是提高人类舒适度、让生活更容易,但它经常会有相反效果。尽管现代科学做出的承诺令人心动,但它最终没有比古代哲学更从容。人性显然不会改变,不论我们多么努力去改变它。温伯格正确指出道,"在我们的时代,培根尾随晚期

---

[1] 施特劳斯(1958),第298—299页。
[2] 例如,互联网和蜂窝电话都起源于军事技术。
[3] 施特劳斯(1958),第299页。

古人教授的那些东西是真实的:治理的科学永远艰难,良好的治理将会罕见"。①

如果城邦与人们的张力在时空上具有普遍性,并且哲学本身就是为了个体的自由,那么哲学必须始终是私人的或个体之间的。现代政治哲学的本意是要解决城邦内部、与城邦相关的问题,但它必须运用不能公开言说的智慧。培根了解这种动力,以细心读者才能理解的诗意形式表达了对科学危险的警告。培根及其自由主义的继任者敏锐地知晓投身于政治生活的危险。培根蒙受耻辱、遭遇监禁,霍布斯在英国流亡了几年,孔多塞最终被自己的革命杀害。影响政治政策而不损害真正的哲学问题,这需要非凡的修辞技巧。培根拥有这种技巧,如今他现代读者的任务是去确保它没有被浪费。

---

① 温伯格(1985),第 331 页。

参考文献

Bacon, Francis(2001). *Advancement of Learning*. Stephen Jay Gould. (Ed.). New York, NY: The Modern Library. (Original work published in 1605).

Bacon, Francis(1985). *The Essays*. John Pitcher, (Ed.). New York. NY: Penguin Books. (Original work published in 1625).

Bacon, Francis (1859). *History of the Reign of King Henry VII*. In *The Works of Francis Bacon* (Vol. 1), (pp. 314—384). Philadelphia, PA: Parry & McMillan. (Original work published in 1622).

Bacon, Francis (1989). *New Atlantis and The Great Instauration* (revised ed.). Jerry Weinberger, (Ed.). Wheeling, IL: Harlan Davidson, Inc. (Original works published in 1626 and 1620).

Bacon, Francis (2000). *New Organon*. Lisa Jardine and Michael Silverthorne, (Eds.). Cambridge, UK: Cambridge University Press. (Original work published in 1620).

Bacon, Francis (2010). *Wisdom of the Ancients*. Whitefish. MT: Kessinger Publishing, LLC. (Original work published 1609).

Bacon, Francis(1850). *The Works of Francis Bacon* (Vol. 1). (Basil Montagu, Trans.). Philadelphia, PA: Cary & Hart Publishers.

Blitz, Mark(2010). *Plato's Political Philosophy*. Baltimore. MD: The Johns

Hopkins University Press.

Blumenberg, Hans(1983). *The Legitimacy of the Modern Age*. (Robert M. Wallace, Trans.). Cambridge, MA: MIT Press. (Original work published in 1966).

Briggs, John C. (1996). Bacon's Science and Religion. In Markku Peltonen (Ed.) *The Cambridge Companion to Bacon* (172—199). Cambridge, UK: Cambridge University Press.

Briggs, John C. (1989). *Francis Bacon and the Rhetoric of Nature*. Cambridge, MA: Harvard University Press.

Brisson, Luc(1998). *Plato the Myth Maker*. (Gerard Naddaf. Trans.). Chicago, IL: The University of Chicago Press.

Caton, Hiram(1988). *The Politics of Progress*. Gainesville, FL: University of Florida Press.

Cazes, Bernard(1976). Condorcet's True Paradox, or, the Liberal Transformed into Social Engineer. *Daedalus*, 105(1), 47—58.

Clay, Diskin & Purvis. Andrea(Eds.). (1999). Four *Island Utopias*. Newburyport, MA: Focus Publishing/R. Pullins Co.

Colclough, David(2002). Ethics and Politics in the *New Atlantis*. In Bronwen Price(Ed.), *Francis Bacon's New Atlantis : New Interdisciplinary Essays* (60—81). New York. NY: Manchester University Press.

Condorcet, Jean-Antoine-Nicholas Caritat(1976). Fragment on the New Atlantis. or Combined Efforts of the Human Species for the Advancement of Science. In Keith M. Baker(Ed.), *Condorcet: Selected Writings*. LLA 159 (283—300). New York, NY: MacMillan Publishing Co. (Original work published 1804).

Condorcet, Jean-Antoine-Nicholas Caritat(2012). The Sketch. In Steven Lukes and Nadia Urbinati(Eds.), *Condorcet: Political Writings* (1—147). Cambridge, UK: Cambridge University Press. (Original work published 1795).

Cowley, Abraham(1876). Ode to the Royal Society. In *Chambers's Cyclopædia* of English literature: A History, Critical and Biographical, of British Authors, with Specimens of their Writings (Vol. 1) (3rd ed.) (p. 262). Robert Chambers and Robert Carruthers, (Eds.). Edinburgh, Scotland: W. & R. Chambers. (Original work published in 1667).

Craig, Tobin(2010). On the Significance of the Literary Character of Francis Bacon's New Atlantis for an Understanding of His Political Thought. Review of Politics, 72, 213—239.

Cropsey, Joseph (1971). Introduction. In A Dialogue between a Philosopher and a Student of the Common Laws of England. By Thomas Hobbes. Joseph Cropsey, (Ed.). Chicago, IL: The University of Chicago Press. (Original work published in 1681).

Davis, J. C. (1983). Utopia and the Ideal Society: A Study of English Utopian Writing 1516—1700. Cambridge, UK: Cambridge University Press.

Farrington, Benjamin (1951). Francis Bacon: Philosopher of Industrial Science. London, UK: Lawrence and Wishart, Ltd.

Faulkner, Robert K. (1993). Francis Bacon and the Project of Progress. Lanham, MD: Rowman & Littlefield Publishers. Inc.

Gaukgroger, Stephen(2001). Francis Bacon and the Transformation of Early Modern Philosophy. Cambridge, UK: Cambridge University Press.

Hobbes, Thomas(1994). Leviathan. Edwin Curley, (Ed.). Indianapolis, IN: Hackett Publishing Company, Inc. (Original work published 1668).

The Holy Bible: New International Version (1973). Colorado Springs, CO: Biblica, Inc. Homer (2007). The Odyssey of Homer (2nd ed.). (Richard Lattimore, Trans.). New York, NY: HarperCollins Publishers. Inc.

Howland, Jacob(2007). Partisanship and the Work of Philosophy in Plato's Timaeus. The Review of Politics, Vol. 69, No. 1 (Winter, 2007), pp. 1—27.

Kalkavage, Peter (2001). Introductory Essay. In Plato's Timaeus. (Peter Kalkavage, Trans.). Newburyport, MA: Focus Publishing.

Kennington, Richard (2004). *On Modern Origins: Essays in Early Modern Philosophy*. Pamela Kraus and Frank Hunt. (Eds.) Lanham, MD: Lexington Books.

Lampert, Laurence(1993). *Nietzsche and Modern Times: A Study of Bacon, Descartes, and Nietzsche*. New Haven, CT: Yale University Press.

Lampert, Laurence & Planeaux, Christopher (1998). Who's Who in Plato's *Timaeus-Critias* and Why. *The Review of Metaphysics*, Vol. 52, No. I (Sep., 1998), pp. 87—125.

Locke, John(2003). *Two Treatises on Government*. In *Two Treatises of Government and A Letter Concerning Toleration*, pp. 1—210. Ian Shapiro, (Ed.). New Haven, CT: Yale Univer-sity Press. (Original work published in 1690).

Machiavelli, Niccolò (1996). *Discourses on Livy*. (Harvey C. Mansfield and Nathan Tarcov, Trans.). Chicago, IL : The University of Chicago Press. (Original work published 1531).

Machiavelli, Niccolò (1998). *The Prince* (2nd ed.). (Harvey C. Mansfield, Trans.). Chicago, IL: The University of Chicago Press. (Original work published 1532).

Mansfield, Harvey C. (1996). Introduction. In *Discourses on Livy*. By Niccolò Machiavelli. (Harvey C. Mansfield and Nathan Tarcov, Trans.). Chicago, IL: The University of Chicago Press.

Mansfield, Harvey C. (1998). Introduction. In *The Prince* (2nd ed.). By Niccolò Machiavelli. (Harvey C. Mansfield. Trans). Chicago, IL: The University of Chicago Press.

Martin, Julian(2007). *Francis Bacon, The State and the Reform of Natural Philosophy*. Cambridge, UK: Cambridge University Press.

McKnight, Stephen A. (2006). *Religious Foundations of Francis Bacon's Thought*. Columbia, MO : University of Missouri Press.

Milton, John(1999). *Areopagitica and Other Political Writings of John Milton. John Alvis, (Ed.). Indianapolis, IN: Liberty Fund. (Texts originally published in *The Works of John Milton* (1931). Frank Allen Patterson et al. (Eds.). New York, NY: Columbia University Press.).

Minkov, Sveotzar(2010). *Francis Bacon's Inquiry Touching Human Nature: Virtue, Philosophy, and the Relief of Man's Estate*. Lanham, MD: Lexington Books.

More, Thomas(2001). *Utopia*. (Clarence H. Miller, Trans.). New Haven, CT: Yale University Press. (Original work published 1516).

Naddaf, Gerard(1994). The Atlantis Myth: An Introduction to Plato's Later Philosophy of History. *Phoenix*, Vol. 48, No. 3(Autumn, 1994), pp. 189 – 209.

Peltonen, Markku (1996). Bacon's Political Philosophy. In Markku Peltonen (Ed.) *The Cambridge Companion to Bacon* (283—310). Cambridge, UK: Cambridge University Press.

Pérez-Ramos, Antonio(1996). Bacon's Legacy. In Markku Peltonen(Ed.) *The Cambridge Companion to Bacon* (311—334). Cambridge, UK: Cambridge University Press.

Plato(1999). *Critias*. (Diskin Clay, Trans.). In *Four Island Utopias* (pp. 70—90). Diskin Clay and Andrea Purvis(Eds.). Newburyport, MA: Focus Publishing/R Pullins Company.

Plato(1998). *Laws*. (Thomas L. Pangle, Trans.). Chicago, IL: The University of Chicago Press.

Plato(1991). *Republic* (2nd ed.). (Allan Bloom, Trans.). New York. NY: Basic Books.

Plato(2001). *Timaeus*. (Peter Kalkavage, Trans.). Newburyport, MA: Focus Publishing.

Price, Bronwen(2002). Introduction. In Bronwen Price(Ed.), *Francis Bacon's New Atlantis: New Interdisciplinary Essays* (1—27). New York, NY: Manchester University Press.

Rahe, Paul A. (2009). *Against Throne and Alter: Machiavelli and Political Theory Under the English Republic*. Cambridge, UK: Cambridge University Press.

Rahe, Paul A. (1994). *Republics Ancient and Modern* (Vol. 2). Chapel Hill, NC: University of North Carolina Press.

Rossi, Paolo (1996). Bacon's Idea of Science. In Markku Peltonen (Ed.) *The Cambridge Companion to Bacon*. Cambridge, UK: Cambridge University Press.

Rossi, Paolo (1978). *Francis Bacon: From Magic to Science*. Chicago, IL: The University of Chicago Press.

Shapin, Steven and Schaffer, Simon (1985). *Leviathan and the Air-Pump: Hobbes, Boyle, and the Experimental Life*. Princeton, NJ: Princeton University Press.

Sidney, Algernon (1996). *Discourses Concerning Government* (revised ed.). Thomas G. West, (Ed.). Indianapolis, IN: Liberty Fund. (Original work published in 1698).

Strauss. Leo (1964). *The City and Man*. Chicago, IL: The University of Chicago Press.

Strauss, Leo (1953). *Natural Right and History*. Chicago, IL: The University of Chicago Press.

Strauss, Leo (1952). *The Political Philosophy of Thomas Hobbes*. (Elsa M. Sinclair, Trans.). Chicago, IL: The University of Chicago Press. (Original work published in 1936).

Strauss, Leo (1989). *The Rebirth of Classical Political Rationalism: An Introduction to the Thought of Leo Strauss*. (Thomas L. Pangle, Ed.). Chicago, IL: The University of Chicago Press.

Strauss, Leo (1958). *Thoughts on Machiavelli*. Chicago, IL: The University of Chicago Press.

Strauss, Leo (1988). *What Is Political Philosophy? And Other Studies*. Chicago, IL: The University of Chicago Press. Chicago, Illinois. (Original work published in 1959).

Studer, Heidi D. (1998). Francis Bacon on the Political Dangers of Scientific Progress. *Canadian Journal of Political Science*. Vol. 31, No. 2(Jun., 1998), pp. 219—234.

Studer, Heidi D. (2003). Strange Fire at the Alter of the Lord: Francis Bacon on Human Nature. *The Review of Politics*, Vol. 65, No. 2(Spring, 2003), pp. 209—235.

Thucydides(1989). *The Peloponnesian War*. (Thomas Hobbes, Trans.). David Grene, (Ed.). Chicago, IL : The University of Chicago Press. (Original translation published in 1629).

Velkley, Richard L. (2011). *Heidegger, Strauss, and the Premises of Philosophy: On Original Forgetting*. Chicago, IL: The University of Chicago Press.

Vidal-Naquet, Pierre(2007). *The Atlantis Story: A Short History of Plato's Myth*. (Janet Lloyd, Trans.). Exeter, UK: University of Exeter Press.

Wallace, Karl R. (1947). *Francis Bacon on Communication and Rhetoric or: The Art of Applying Reason to Imagination for the Better Moving of the Will*. Chapel Hill, NC: The University of North Carolina Press.

Welliver, Warman(1977). *Character, Plot, and Thought in Plato's Timaeus-Critias*. Leiden, Netherlands: E. J. Brill.

Weinberger, Jerry(1989). Introduction. In *New Atlantis and The Great Instauration* (revised ed.). By Francis Bacon. Jerry Weinberger, (Ed.). Wheeling, IL: Harlan Davidson, Inc.

Weinberger, Jerry(1985). *Science, Faith, and Politics: Francis Bacon and the Utopian Roots of the Modern Age*. Ithaca, NY: Cornell University Press.

White, Howard(1968). *Peace Among the Willows*. The Hague, Netherlands: Martinus Nijhoff.

Whitney, Charles(1986). *Francis Bacon and Modernity*. New Haven, CT:

Yale University Press.

Zuckert, Catherine(2009). *Plato's Philosophers: The Coherence of the Dialogues*. Chicago, IL: The University of Chicago Press.

索 引

Bacon: *Advancement of Learning*, 41, 42, 47, 50; *Essays*, 37, 42, 44, 45, 50, 54; *Great Instauration*, 2, 34, 122, 123; *New Organon*, 43, 47, 53; *Wisdom of the Ancients*, 7, 43, 51—53

charity, 3, 37, 115, 131
commerce, 5, 34, 44, 54, 84, 100, 124
Condorcet, 11, 120, 131—135, 136—137, 139, 142
contemplation, 4, 28, 48, 53, 103, 125, 128, 131

dialectic, 8, 48

eros, 15, 26, 80, 84, 92, 101, 127

Hobbes, 2, 5, 50, 119—125, 139—140, 141

liberalism, 2, 4, 11, 54—55, 129

liberty: economic, 4, 6, 40, 44, 55, 68, 116; political, 40, 116, 129, 139; and science, 2, 55, 104, 119, 129, 140, 142

Machiavelli, 2, 6, 33, 35—41, 129, 139—140
myth, 9, 17—18, 64, 141
New Atlantis. Adam and Eve Pools, 88—92, 98; as poetry, 2, 41, 49, 61, 64, 123; Father of Salomon's House, 98, 99—115; Feast of the Family, 80—84, 98, 107; Gover-

nor of Strangers' House, 74—80;
Joabin, 62, 84—92, 98, 99; incompleteness of, 2; miracles, 67, 73, 77—79, 100, 108; Salomon's House, 2,4,7,18,23,28,52,66—68, 78—79, 126, 127, 141; Solamona, 65—68

Plato: and Bacon, 2—3, 4, 7—9, 13—28, 37, 41, 45—48, 125—128, 143; *Critias* (dialogue), 8, 14—21, 69; Critias (character), 14, 16—20, 21; Noctumal Council (*Laws*), 25, 62, 65, 86, 126—127; *Republic*, 15—16, 18, 19, 21, 22, 28, 62, 69, 89, 90, 91, 141; *Timaeus* (dialogue), 7, 8, 13—21, 27; Timaeus (character), 20—21

poetry, 16, 49—50, 73, 82, 122; See also New Atlantis as poetry

republicanism, 6, 7, 44, 68, 104, 116, 129, 131—132, 142

Solomon, 7, 66, 67

utopia, 2, 5, 6, 13, 34, 47, 55, 61, 99, 136, 141

图书在版编目(CIP)数据

现代政治思想奠基中的《新大西岛》/（美）金伯利·
H.哈勒著；李丽辉译．--上海：华东师范大学出版社，
2020
　ISBN 978－7－5760－0218－8

Ⅰ.①现… Ⅱ.①金…②李… Ⅲ.①乌托邦-研究
Ⅳ.①D091.6

中国版本图书馆 CIP 数据核字（2020）第 047112 号

华东师范大学出版社六点分社
企划人　倪为国

本书著作权、版式和装帧设计受世界版权公约和中华人民共和国著作权法保护

现代政治思想奠基中的《新大西岛》

著　　者　[美]金伯利·H.哈勒
译　　者　李丽辉
责任编辑　彭文曼
特约审读　于宜芃
责任校对　王寅军
封面设计　刘怡霖

出版发行　华东师范大学出版社
社　　址　上海市中山北路3663号　邮编　200062
网　　址　www.ecnupress.com.cn
电　　话　021－60821666　行政传真　021－62572105
客服电话　021－62865537　门市（邮购）电话　021－62869887
地　　址　上海市中山北路3663号华东师范大学校内先锋路口
网　　店　http://hdsdcbs.tmall.com

印　刷　者　上海盛隆印务有限公司
开　　本　890×1240　1/32
印　　张　6.5
字　　数　130千字
版　　次　2020年5月第1版
印　　次　2020年5月第1次
书　　号　ISBN 978－7－5760－0218－8
定　　价　48.00元
出版人　王焰

（如发现本版图书有印订质量问题，请寄回本社客服中心调换或电话021-62865537联系）

FRANCIS BACON'S *NEW ATLANTIS* IN THE FOUNDATION OF MODERN POLITICAL THOUGHT
by Kimberly Hurd Hale
Copyright © 2013 by Lexington Books
Published by arrangement with the Rowman & Littlefield Publishing Group through the Chinese Connection Agency, a division of The Yao Enterprises, LLC
Simplified Chinese Translation Copyright © 2020 by East China Normal University Press Ltd.
All rights reserved
上海市版权局著作权合同登记　图字:09 - 2016 - 059 号